MW01674157

MIS MEJORES RECETAS MEDITERRÁNEAS 2022

RECETAS FÁCILES Y DELICIOSAS

FRANCISCO VELASCO

Tabla de contenido

Ensalada Fiesta De Pollo

Tiempo de preparación: 20 minutos.

Hora de cocinar : 20 minutos

Porciones: 4

Nivel de dificultad: Fácil

Ingredientes:

- 2 mitades de filete de pollo sin piel ni huesos
- 1 paquete de hierbas para fajitas, dividido
- 1 cucharada de aceite vegetal
- 1 lata de frijoles negros, enjuagados y escurridos
- 1 caja de elote a la mexicana
- 1/2 taza de salsa
- 1 paquete de ensalada verde
- 1 cebolla picada
- 1 tomate, cortado en cuartos

Direcciones:

Frote el pollo uniformemente con la mitad de las hierbas para fajitas. Cocine el aceite en una sartén a fuego medio y cocine el pollo durante 8 minutos uno al lado del otro o hasta que el jugo esté claro; poner a un lado. Combine los frijoles, el maíz, la salsa y otras 1/2 especias de fajita en una sartén grande. Calentar a fuego medio hasta que esté tibio. Prepare la ensalada mezclando verduras, cebolla y tomate. Cubre la ensalada de pollo y aliña la mezcla de frijoles y maíz.

Nutrición (por 100 g): 311 calorías 6,4 g de grasa 42,2 g de carbohidratos 23 g de proteína 853 mg de sodio

Ensalada De Maíz Y Frijoles Negros

Tiempo de preparación: 10 minutos.

Hora de cocinar : 0 minutos

Porciones: 4

Nivel de dificultad: Fácil

Ingredientes:

- 2 cucharadas de aceite vegetal
- 1/4 taza de vinagre balsámico
- 1/2 cucharadita de sal
- 1/2 cucharadita de azucar blanca
- 1/2 cucharadita de comino molido
- 1/2 cucharadita de pimienta negra molida
- 1/2 cucharadita de chile en polvo
- 3 cucharadas de cilantro fresco picado
- 1 lata de frijoles negros (15 oz)
- 1 lata de maíz endulzado (8.75 oz) escurrido

Direcciones:

Combine vinagre balsámico, aceite, sal, azúcar, pimienta negra, comino y chile en polvo en un tazón pequeño. Combine el maíz negro y los frijoles en un tazón mediano. Mezclar con vinagreta y vinagreta de aceite y decorar con cilantro. Cubra y refrigere durante la noche.

Nutrición (por 100 g): 214 calorías 8,4 g de grasa 28,6 g de carbohidratos 7,5 g de proteína 415 mg de sodio

Ensalada de pasta impresionante

Tiempo de preparación: 30 minutos.

Hora de cocinar : 10 minutos

Porciones: 16

Nivel de dificultad: promedio

Ingredientes:

- 1 paquete de pasta fusilli (16 oz)
- 3 tazas de tomates cherry
- 1/2 libra de provolone, cortado en cubitos
- 1/2 libra de salchicha, cortada en cubitos
- 1/4 de libra de pepperoni, cortado por la mitad
- 1 pimiento verde grande
- 1 lata de aceitunas negras, escurridas
- 1 frasco de chiles, escurridos
- 1 botella (8 oz) de vinagreta italiana

Direcciones:

Hervir un agua con un poco de sal en una olla. Agregue la pasta y cocine durante unos 8 a 10 minutos o hasta que esté al dente. Escurra y enjuague con agua fría.

Combine la pasta con tomates, queso, salami, pepperoni, pimiento verde, aceitunas y pimientos en un tazón grande. Vierta la vinagreta y mezcle bien.

Nutrición (por 100 g): 310 calorías 17,7 g de grasa 25,9 g de carbohidratos 12,9 g de proteína 746 mg de sodio

Ensalada de atún

Tiempo de preparación: 20 minutos.

Hora de cocinar : 0 minutos

Porciones: 4

Nivel de dificultad: Fácil

Ingredientes:

- 1 lata (19 onzas) de garbanzos
- 2 cucharadas de mayonesa
- 2 cucharaditas de mostaza marrón picante
- 1 cucharada de pepinillo dulce
- Sal y pimienta para probar
- 2 cebollas verdes picadas

Direcciones:

Combine las judías verdes, la mayonesa, la mostaza, la salsa, las cebollas verdes picadas, la sal y la pimienta en un tazón mediano. Mezclar bien.

Nutrición (por 100 g): 220 calorías 7,2 g de grasa 32,7 g de carbohidratos 7 g de proteína 478 mg de sodio

Ensalada de papa sureña

Tiempo de preparación: 15 minutos.

Hora de cocinar : 15 minutos

Porciones: 4

Nivel de dificultad: promedio

Ingredientes:

- 4 patatas
- 4 huevos
- 1/2 tallo de apio, finamente picado
- 1/4 taza de sabor dulce
- 1 diente de ajo picado
- 2 cucharadas de mostaza
- 1/2 taza de mayonesa
- sal y pimienta para probar

Direcciones:

Hierva agua en una olla, luego coloque las papas y cocine hasta que estén blandas pero aún firmes, unos 15 minutos; escurrir y picar. Transfiera los huevos en una sartén y cubra con agua fría.

Hierve el agua; tapa, retira del fuego y deja que los huevos se remojen en agua caliente durante 10 minutos. Retirar, luego pelar y picar.

Combine las papas, los huevos, el apio, la salsa dulce, el ajo, la mostaza, la mayonesa, la sal y la pimienta en un tazón grande. Mezclar y servir caliente.

Nutrición (por 100 g): 460 calorías 27,4 g de grasa 44,6 g de carbohidratos 11,3 g de proteína 214 mg de sodio

Ensalada de siete capas

Tiempo de preparación: 15 minutos.

Hora de cocinar : 5 minutos

Porciones: 10

Nivel de dificultad: promedio

Ingredientes:

- 1 libra de tocino
- 1 cabeza de lechuga iceberg
- 1 cebolla morada picada
- 1 paquete de 10 guisantes congelados, descongelados
- 10 oz de queso cheddar rallado
- 1 taza de coliflor picada
- 1 1/4 taza de mayonesa
- 2 cucharadas de azucar blanca
- 2/3 taza de queso parmesano rallado

Direcciones:

Pon el tocino en una sartén grande y poco profunda. Hornee a fuego medio hasta que quede suave. Desmenuza y reserva. Coloque la lechuga picada en un tazón grande y cubra con una capa de cebolla, guisantes, queso rallado, coliflor y tocino.

Prepara la vinagreta mezclando la mayonesa, el azúcar y el queso parmesano. Vierta sobre la ensalada y deje enfriar.

Nutrición (por 100 g): 387 calorías 32,7 g de grasa 9,9 g de carbohidratos 14,5 g de proteína 609 mg de sodio

Ensalada de col rizada, quinua y aguacate con vinagreta de limón Dijon

Tiempo de preparación: 5 minutos.

Hora de cocinar : 25 minutos

Porciones: 4

Nivel de dificultad: Difícil

Ingredientes:

- 2/3 taza de quinua
- 1 1/3 taza de agua
- 1 manojo de col rizada, cortada en trozos pequeños
- 1/2 aguacate - pelado, cortado en cubitos y sin hueso
- 1/2 taza de pepino picado
- 1/3 taza de pimiento rojo picado
- 2 cucharadas de cebolla morada picada
- 1 cucharada de queso feta desmenuzado

Direcciones:

Hervir la quinua y 1 1/3 taza de agua en una olla. Ajuste el fuego y cocine a fuego lento hasta que la quinua esté tierna y el agua se absorba durante unos 15 a 20 minutos. Dejar enfriar.

Coloque el repollo en una canasta de vapor sobre más de una pulgada de agua hirviendo en una sartén. Selle la sartén con una tapa y cocine al vapor hasta que esté caliente, aproximadamente 45 segundos; transferir a un plato grande. Adorne con repollo, quinua, aguacate, pepino, pimiento, cebolla morada y queso feta.

Combine el aceite de oliva, el jugo de limón, la mostaza de Dijon, la sal marina y la pimienta negra en un tazón hasta que el aceite se emulsione en el aderezo; vierta sobre la ensalada.

Nutrición (por 100 g): 342 calorías 20,3 g de grasa 35,4 g de carbohidratos 8,9 g de proteína 705 mg de sodio

Ensalada de pollo

Tiempo de preparación: 20 minutos.

Hora de cocinar : 0 minutos

Porciones: 9

Nivel de dificultad: Fácil

Ingredientes:

- 1/2 taza de mayonesa
- 1/2 cucharadita de sal
- 3/4 cucharadita de hierbas para aves
- 1 cucharada de jugo de limón
- 3 tazas de pechuga de pollo cocida, cortada en cubitos
- 1/4 cucharadita de pimienta negra molida
- 1/4 de cucharadita de ajo en polvo
- 1/4 de cucharadita de cebolla en polvo
- 1/2 taza de apio finamente picado
- 1 (8 oz) caja de castañas de agua, escurridas y picadas
- 1/2 taza de cebollas verdes picadas
- 1 1/2 tazas de uvas verdes cortadas por la mitad
- 1 1/2 tazas de queso suizo cortado en cubitos

Direcciones:

Combine la mayonesa, la sal, las especias de pollo, la cebolla en polvo, el ajo en polvo, la pimienta y el jugo de limón en un tazón mediano. Combine el pollo, el apio, las cebollas verdes, las castañas de agua, el queso suizo y las pasas en un tazón grande. Agregue la mezcla de mayonesa y cubra. Deje enfriar hasta que esté listo para servir.

Nutrición (por 100 g): 293 calorías 19,5 g de grasa 10,3 g de carbohidratos 19,4 g de proteína 454 mg de sodio

Ensalada Cobb

Tiempo de preparación: 5 minutos.

Hora de cocinar : 15 minutos

Porciones: 6

Nivel de dificultad: Difícil

Ingredientes:

- 6 rebanadas de tocino
- 3 huevos
- 1 taza de lechuga iceberg rallada
- 3 tazas de carne de pollo picada cocida
- 2 tomates, sin semillas y picados
- 3/4 taza de queso azul, desmenuzado
- 1 aguacate, pelado, sin hueso y cortado en cubitos
- 3 cebollas verdes, picadas
- 1 botella (8 oz) de vinagreta Ranch

Direcciones:

Coloca los huevos en una sartén y remójalos completamente con agua fría. Hierve el agua. Tape y retire del fuego y deje reposar los huevos en agua caliente durante 10 a 12 minutos. Retirar del agua caliente, dejar enfriar, pelar y picar. Coloca el tocino en una sartén grande y profunda. Hornee a fuego medio hasta que quede suave. Dejar de lado.

Divida la lechuga rallada en platos separados. Unte el pollo, los huevos, los tomates, el queso azul, el tocino, el aguacate y las cebollas verdes en filas sobre la lechuga. Espolvorea con tu vinagreta favorita y disfruta.

Nutrición (por 100 g): 525 calorías 39,9 g de grasa 10,2 g de carbohidratos 31,7 g de proteína 701 mg de sodio

Ensalada de brócoli

Tiempo de preparación: 10 minutos.

Hora de cocinar : 15 minutos

Porciones: 6

Nivel de dificultad: promedio

Ingredientes:

- 10 lonchas de tocino
- 1 taza de brócoli fresco
- ¼ de taza de cebolla morada picada
- ½ taza de pasas
- 3 cucharadas de vinagre de vino blanco
- 2 cucharadas de azucar blanca
- 1 taza de mayonesa
- 1 taza de pipas de girasol

Direcciones:

Cocina el tocino en una sartén a fuego medio. Escurrir, desmenuzar y reservar. Combine el brócoli, la cebolla y las pasas en un tazón mediano. Mezcle el vinagre, el azúcar y la mayonesa en un tazón pequeño. Vierta sobre la mezcla de brócoli y mezcle. Deje enfriar durante al menos dos horas.

Antes de servir, mezcle la ensalada con tocino desmenuzado y semillas de girasol.

Nutrición (por 100 g): 559 calorías 48,1 g de grasa 31 g de carbohidratos 18 g de proteína 584 mg de sodio

Ensalada De Fresas Y Espinacas

Tiempo de preparación: 10 minutos.

Hora de cocinar : 0 minutos

Porciones: 4

Nivel de dificultad: Fácil

Ingredientes:

- 2 cucharadas de ajonjolí
- 1 cucharada de semillas de amapola
- 1/2 taza de azucar blanca
- 1/2 taza de aceite de oliva
- 1/4 taza de vinagre blanco destilado
- 1/4 cucharadita de pimentón
- 1/4 cucharadita de salsa Worcestershire
- 1 cucharada de cebolla picada
- 10 onzas de espinaca fresca
- Fresas de 1 cuarto de galón - limpias, peladas y cortadas en rodajas
- 1/4 taza de almendras, blanqueadas y rebanadas

Direcciones:

En un tazón mediano, mezcle las mismas semillas, semillas de amapola, azúcar, aceite de oliva, vinagre, pimentón, salsa Worcestershire y cebolla. Cubra y enfríe durante una hora.

En un tazón grande, incorpore las espinacas, las fresas y las almendras. Rocíe el aderezo sobre la ensalada y mezcle. Refrigere de 10 a 15 minutos antes de servir.

Nutrición (por 100 g): 491 calorías 35,2 g de grasa 42,9 g de carbohidratos 6 g de proteína 691 mg de sodio

Ensalada de Pera con Queso Roquefort

Tiempo de preparación: 20 minutos.

Hora de cocinar : 10 minutos

Porciones: 2

Nivel de dificultad: promedio

Ingredientes:

- 1 hoja de lechuga, cortada en trozos pequeños
- 3 peras, peladas, sin corazón y cortadas en cubitos
- 5 onzas de roquefort, desmenuzado
- 1 aguacate, pelado, sin semillas y cortado en cubitos
- 1/2 taza de cebollas verdes picadas
- 1/4 taza de azúcar blanca
- 1/2 taza de nueces pecanas
- 1/3 taza de aceite de oliva
- 3 cucharadas de vinagre de vino tinto
- 1 1/2 cucharadita de azúcar blanca
- 1 1/2 cucharadita de mostaza preparada
- 1/2 cucharadita de pimienta negra salada
- 1 diente de ajo

Direcciones:

Agregue 1/4 taza de azúcar con las nueces en una sartén a fuego medio. Continúe revolviendo suavemente hasta que el azúcar se caramelice con las nueces. Con cuidado, transfiere las nueces al papel encerado. Deja que se enfríe y se rompa en pedazos.

Mezcle para aceite de vinagreta, adobo, 1 1/2 cucharadita de azúcar, mostaza, ajo picado, sal y pimienta.

En un tazón hondo, combine la lechuga, las peras, el queso azul, el aguacate y las cebolletas. Ponga la vinagreta sobre la ensalada, espolvoree con nueces y sirva.

Nutrición (por 100 g): 426 calorías 31,6 g de grasa 33,1 g de carbohidratos 8 g de proteína 481 mg de sodio

Ensalada Mexicana De Frijoles

Tiempo de preparación: 15 minutos.

Hora de cocinar : 0 minutos

Porciones: 6

Nivel de dificultad: Fácil

Ingredientes:

- 1 lata de frijoles negros (15 oz), escurridos
- 1 lata de frijoles rojos (15 oz), escurridos
- 1 lata de frijoles blancos (15 oz), escurridos
- 1 pimiento verde picado
- 1 pimiento rojo picado
- 1 paquete de granos de maíz congelados
- 1 cebolla morada picada
- 2 cucharadas de jugo de lima fresco
- 1/2 taza de aceite de oliva
- 1/2 taza de vinagre de vino tinto
- 1 cucharada de jugo de limón
- 1 cucharada de sal
- 2 cucharadas de azucar blanca
- 1 diente de ajo machacado
- 1/4 taza de cilantro picado
- 1/2 cucharada de comino molido
- 1/2 cucharada de pimienta negra molida
- 1 pizca de salsa picante

- 1/2 cucharadita de chile en polvo

Direcciones:

Combine los frijoles, los pimientos, el maíz congelado y la cebolla morada en un tazón grande. Combine aceite de oliva, jugo de lima, vinagre de vino tinto, jugo de limón, azúcar, sal, ajo, cilantro, comino y pimienta negra en un tazón pequeño; sazone con salsa picante y chile en polvo.

Vierta la vinagreta con aceite de oliva sobre las verduras; mezclar bien. Enfriar bien y servir frío.

Nutrición (por 100 g): 334 calorías 14,8 g de grasa 41,7 g de carbohidratos 11,2 g de proteína 581 mg de sodio

Ensalada de melón

Tiempo de preparación: 20 minutos.

Hora de cocinar : 0 minutos

Porciones: 6

Nivel de dificultad: promedio

Ingredientes:

- ¼ de cucharadita de sal marina
- ¼ de cucharadita de pimienta negra
- 1 cucharada de vinagre balsámico
- 1 melón, cortado en cuartos y sin semillas
- 12 sandías, pequeñas y sin semillas
- 2 tazas de bolas de mozzarella, frescas
- 1/3 taza de albahaca, fresca y desgarrada
- 2 cucharadas. aceite de oliva

Direcciones:

Raspe las bolas de melón y colóquelas en un colador sobre un tazón para servir. Use su melon baller para cortar la sandía también y luego colóquelos con su melón.

Deje que la fruta se escurra durante diez minutos y luego refrigere el jugo para otra receta. Incluso se puede agregar a batidos. Seque el tazón con un paño y luego coloque la fruta en él.

Agregue albahaca, aceite, vinagre, mozzarella y tomates antes de sazonar con sal y pimienta. Mezcle suavemente y sirva inmediatamente o frío.

Nutrición (por 100 g): 218 Calorías 13 g Grasas 9 g Carbohidratos 10 g Proteínas 581 mg Sodio

Ensalada de apio y naranja

Tiempo de preparación: 15 minutos.

Hora de cocinar : 0 minutos

Porciones: 6

Nivel de dificultad: Fácil

Ingredientes:

- 1 cucharada de jugo de limón, fresco
- ¼ de cucharadita de sal marina fina
- ¼ de cucharadita de pimienta negra
- 1 cucharada de salmuera de aceitunas
- 1 cucharada de aceite de oliva
- ¼ taza de cebolla morada, rebanada
- ½ taza de aceitunas verdes
- 2 naranjas, peladas y en rodajas
- 3 tallos de apio, cortados diagonalmente en rodajas de ½ pulgada

Direcciones:

Coloque las naranjas, las aceitunas, la cebolla y el apio en un tazón poco profundo. En un tazón diferente, bata el aceite, la salmuera de oliva y el jugo de limón, vierta esto sobre su ensalada. Sazone con sal y pimienta antes de servir.

Nutrición (por 100 g): 65 Calorías 7 g Grasas 9 g Carbohidratos 2 g Proteína 614 mg Sodio

Ensalada de brócoli asado

Tiempo de preparación: 20 minutos.

Hora de cocinar : 10 minutos

Porciones: 4

Nivel de dificultad: Difícil

Ingredientes:

- 1 libra de brócoli, cortado en floretes y tallo en rodajas
- 3 cucharadas de aceite de oliva, divididas
- 1 pinta de tomates cherry
- 1 ½ cucharadita de miel, cruda y dividida
- 3 tazas de pan integral en cubos
- 1 cucharada de vinagre balsámico
- ½ cucharadita de pimienta negra
- ¼ de cucharadita de sal marina fina
- parmesano rallado para servir

Direcciones:

Prepare el horno a 450 grados y luego saque una bandeja para hornear con borde. Colócalo en el horno para que se caliente. Rocíe su brócoli con una cucharada de aceite y revuelva para cubrir.

Retire la bandeja para hornear del horno y vierta el brócoli sobre ella. Deje aceite en el fondo del tazón, agregue los tomates, mezcle para cubrir y luego mezcle los tomates con una cucharada de miel. Viértelos en la misma bandeja para hornear que el brócoli.

Ase durante quince minutos y revuelva a la mitad del tiempo de cocción. Agregue su pan y luego ase durante tres minutos más. Batir dos cucharadas de aceite, vinagre y la miel restante. Condimentar con sal y pimienta. Vierta esto sobre su mezcla de brócoli para servir.

Nutrición (por 100 g): 226 Calorías 12 g Grasas 26 g Carbohidratos 7 g Proteínas 581 mg Sodio

Ensalada de tomate

Tiempo de preparación: 20 minutos.

Hora de cocinar : 0 minutos

Porciones: 4

Nivel de dificultad: Fácil

Ingredientes:

- 1 pepino en rodajas
- ¼ taza de tomates secos, picados
- 1 libra de tomates, en cubos
- ½ taza de aceitunas negras
- 1 cebolla morada en rodajas
- 1 cucharada de vinagre balsámico
- ¼ taza de perejil, fresco y picado
- 2 cucharadas de aceite de oliva
- sal marina y pimienta negra al gusto

Direcciones:

Saque un tazón y combine todas sus verduras. Para hacer tu aderezo mezcla todos tus condimentos, aceite de oliva y vinagre. Mezcle con su ensalada y sirva fresco.

Nutrición (por 100 g): 126 Calorías 9.2 g Grasas 11.5 g Carbohidratos 2.1 g Proteínas 681 mg Sodio

Ensalada de remolacha con queso feta

Tiempo de preparación: 15 minutos.

Hora de cocinar : 0 minutos

Porciones: 4

Nivel de dificultad: Fácil

Ingredientes:

- 6 remolachas rojas, cocidas y peladas
- 3 onzas de queso feta, en cubos
- 2 cucharadas de aceite de oliva
- 2 cucharadas de vinagre balsámico

Direcciones:

Combine todo junto y luego sirva.

Nutrición (por 100 g): 230 Calorías 12 g Grasas 26,3 g Carbohidratos 7,3 g Proteínas 614 mg Sodio

Ensalada De Coliflor Y Tomate

Tiempo de preparación: 15 minutos.

Hora de cocinar : 0 minutos

Porciones: 4

Nivel de dificultad: Fácil

Ingredientes:

- 1 cabeza de coliflor picada
- 2 cucharadas de perejil, fresco y picado
- 2 tazas de tomates cherry, cortados por la mitad
- 2 cucharadas de jugo de limón fresco
- 2 cucharadas de piñones
- sal marina y pimienta negra al gusto

Direcciones:

Mezcle el jugo de limón, los tomates cherry, la coliflor y el perejil y luego sazone. Cubra con piñones y mezcle bien antes de servir.

Nutrición (por 100 g): 64 Calorías 3,3 g Grasas 7,9 g Carbohidratos 2,8 g Proteínas 614 mg Sodio

Pilaf con queso crema

Tiempo de preparación: 20 minutos.

Hora de cocinar : 10 minutos

Porciones: 6

Nivel de dificultad: promedio

Ingredientes:

- 2 tazas de arroz amarillo de grano largo, sancochado
- 1 taza de cebolla
- 4 cebollas verdes
- 3 cucharadas de mantequilla
- 3 cucharadas de caldo de verduras
- 2 cucharaditas de pimienta de cayena
- 1 cucharadita de pimentón
- ½ cucharadita de clavo de olor, picado
- 2 cucharadas de hojas de menta, frescas y picadas
- 1 manojo de hojas de menta fresca para decorar
- 1 cucharada de aceite de oliva
- sal marina y pimienta negra al gusto
- Queso crema:
- 3 cucharadas de aceite de oliva
- sal marina y pimienta negra al gusto
- 9 onzas de queso crema

Direcciones:

Prepara el horno a 360 grados y luego saca una sartén. Caliente la mantequilla y el aceite de oliva juntos, y cocine las cebollas y las cebolletas durante dos minutos.

Agregue sal, pimienta, pimentón, clavo, caldo de verduras, arroz y el condimento restante. Saltee durante tres minutos. Envuelva con papel aluminio y hornee por otra media hora. Deje que se enfríe.

Mezcle el queso crema, el queso, el aceite de oliva, la sal y la pimienta. Sirva su pilaf adornado con hojas de menta fresca.

Nutrición (por 100 g): 364 Calorías 30 g Grasas 20 g Carbohidratos 5 g Proteínas 511 mg Sodio

Ensalada de berenjenas asadas

Tiempo de preparación: 10 minutos.

Hora de cocinar : 20 minutos

Porciones: 6

Nivel de dificultad: Fácil

Ingredientes:

- 1 cebolla morada en rodajas
- 2 cucharadas de perejil, fresco y picado
- 1 cucharadita de tomillo
- 2 tazas de tomates cherry, cortados por la mitad
- sal marina y pimienta negra al gusto
- 1 cucharadita de orégano
- 3 cucharadas de aceite de oliva
- 1 cucharadita de albahaca
- 3 berenjenas, peladas y en cubos

Direcciones:

Comience calentando su horno a 350. Sazone su berenjena con albahaca, sal, pimienta, orégano, tomillo y aceite de oliva. Colócalo en una bandeja de horno y hornea durante media hora. Mezcle con los ingredientes restantes antes de servir.

Nutrición (por 100 g): 148 Calorías 7,7 g Grasas 20,5 g Carbohidratos 3,5 g Proteínas 660 mg Sodio

Verduras asadas

Tiempo de preparación: 5 minutos.

Hora de cocinar : 15 minutos

Porciones: 12

Nivel de dificultad: Fácil

Ingredientes:

- 6 dientes de ajo
- 6 cucharadas de aceite de oliva
- 1 bulbo de hinojo, cortado en cubitos
- 1 calabacín, cortado en cubitos
- 2 pimientos morrones rojos, cortados en cubitos
- 6 papas, grandes y cortadas en cubitos
- 2 cucharaditas de sal marina
- ½ taza de vinagre balsámico
- ¼ taza de romero picado y fresco
- 2 cucharaditas de caldo de verduras en polvo

Direcciones:

Comience calentando su horno a 400. Ponga las papas, el hinojo, el calabacín, el ajo y el hinojo en una fuente para hornear, rociando con aceite de oliva. Espolvorea con sal, caldo en polvo y romero. Mezcle bien y luego hornee a 450 durante treinta a cuarenta minutos. Mezcle su vinagre con las verduras antes de servir.

Nutrición (por 100 g): 675 Calorías 21 g Grasas 112 g Carbohidratos 13 g Proteínas 718 mg Sodio

Ensalada de pistacho y rúcula

Tiempo de preparación: 20 minutos.

Hora de cocinar : 0 minutos

Porciones: 6

Nivel de dificultad: Fácil

Ingredientes:

- 6 tazas de col rizada picada
- ¼ taza de aceite de oliva
- 2 cucharadas de jugo de limón fresco
- ½ cucharadita de pimentón ahumado
- 2 tazas de rúcula
- 1/3 taza de pistachos, sin sal y sin cáscara
- 6 cucharadas de queso parmesano rallado

Direcciones:

Saque una ensaladera y combine su aceite, limón, pimentón ahumado y col rizada. Masajea suavemente las hojas durante medio minuto. Su col rizada debe estar bien cubierta. Mezcle suavemente su rúcula y pistachos cuando esté listo para servir.

Nutrición (por 100 g): 150 Calorías 12 g Grasas 8 g Carbohidratos 5 g Proteínas 637 mg Sodio

Risotto de cebada parmesana

Tiempo de preparación: 10 minutos.

Hora de cocinar : 20 minutos

Porciones: 6

Nivel de dificultad: Difícil

Ingredientes:

- 1 taza de cebolla amarilla picada
- 1 cucharada de aceite de oliva
- 4 tazas de caldo de verduras, bajo en sodio
- 2 tazas de cebada perlada, cruda
- ½ taza de vino blanco seco
- 1 taza de queso parmesano, rallado fino y dividido
- sal marina y pimienta negra al gusto
- cebolletas frescas, picadas para servir
- rodajas de limón para servir

Direcciones:

Agregue su caldo en una cacerola y cocine a fuego lento a fuego medio-alto. Saca una olla y ponla a fuego medio-alto también. Calienta el aceite antes de agregar la cebolla. Cocine por ocho minutos y revuelva ocasionalmente. Agregue su cebada y cocine por dos minutos más. Agregue la cebada y cocine hasta que esté tostada.

Vierta el vino, cocinando un minuto más. La mayor parte del líquido debería haberse evaporado antes de agregar una taza de caldo tibio. Cocine y revuelva durante dos minutos. Su líquido debe ser absorbido. Agregue el caldo restante en la taza y cocine hasta que se absorba cada taza. Debería tardar unos dos minutos cada vez.

Retire del fuego, agregue media taza de queso y cubra con el queso restante, las cebolletas y las rodajas de limón.

Nutrición (por 100 g): 345 Calorías 7 g Grasas 56 g Carbohidratos 14 g Proteínas 912 mg Sodio

Ensalada De Mariscos Y Aguacate

Tiempo de preparación: 10 minutos.

Hora de cocinar : 0 minutos

Porciones: 4

Nivel de dificultad: Fácil

Ingredientes:

- 2 libras. salmón, cocido y picado
- 2 libras. camarones, cocidos y picados
- 1 taza de aguacate, picado
- 1 taza de mayonesa
- 4 cucharadas de jugo de lima, fresco
- 2 dientes de ajo
- 1 taza de crema agria
- sal marina y pimienta negra al gusto
- ½ cebolla morada picada
- 1 taza de pepino picado

Direcciones:

Comience sacando un bol y combine el ajo, la sal, la pimienta, la cebolla, la mayonesa, la crema agria y el jugo de lima.

Saque un tazón diferente y mezcle el salmón, los camarones, el pepino y el aguacate.

Agregue la mezcla de mayonesa a sus camarones y luego déjelos reposar durante veinte minutos en el refrigerador antes de servir.

Nutrición (por 100 g): 394 Calorías 30 g Grasas 3 g Carbohidratos 27 g Proteínas 815 mg Sodio

Ensalada Mediterránea De Camarones

Tiempo de preparación: 40 minutos.

Hora de cocinar : 0 minutos

Porciones: 6

Nivel de dificultad: Fácil

Ingredientes:

- 1 ½ libras. camarones, limpios y cocidos
- 2 tallos de apio, frescos
- 1 cebolla
- 2 cebollas verdes
- 4 huevos hervidos
- 3 patatas cocidas
- 3 cucharadas de mayonesa
- sal marina y pimienta negra al gusto

Direcciones:

Empiece por cortar las patatas y el apio. Corta los huevos en rodajas y sazona. Mezclar todo junto. Pon los camarones sobre los huevos y sírvelos con cebolla y cebolleta.

Nutrición (por 100 g): 207 Calorías 6 g Grasas 15 g Carbohidratos 17 g Proteínas 664 mg Sodio

Ensalada De Pasta De Garbanzos

Tiempo de preparación: 10 minutos.

Hora de cocinar : 15 minutos

Porciones: 6

Nivel de dificultad: promedio

Ingredientes:

- 2 cucharadas de aceite de oliva
- 16 onzas de pasta rotelle
- ½ taza de aceitunas curadas, picadas
- 2 cucharadas de orégano, fresco y picado
- 2 cucharadas de perejil, fresco y picado
- 1 manojo de cebolletas picadas
- ¼ taza de vinagre de vino tinto
- 15 onzas de garbanzos enlatados, escurridos y enjuagados
- ½ taza de queso parmesano rallado
- sal marina y pimienta negra al gusto

Direcciones:

Hierva agua y ponga la pasta al dente y siga las instrucciones del paquete. Escurrir y enjuagar con agua fría.

Saca una sartén y calienta el aceite de oliva a fuego medio. Agregue sus cebolletas, garbanzos, perejil, orégano y aceitunas. Disminuir el fuego y sofreír durante veinte minutos más. Deje que esta mezcla se enfríe.

Mezcle su mezcla de garbanzos con su pasta y agregue su queso rallado, sal, pimienta y vinagre. Déjelo enfriar durante cuatro horas o toda la noche antes de servir.

Nutrición (por 100 g): 424 Calorías 10 g Grasas 69 g Carbohidratos 16 g Proteínas 714 mg Sodio

Salteado Mediterráneo

Tiempo de preparación: 10 minutos.

Hora de cocinar : 30 minutos

Porciones: 4

Nivel de dificultad: promedio

Ingredientes:

- 2 calabacines
- 1 cebolla
- ¼ de cucharadita de sal marina
- 2 dientes de ajo
- 3 cucharaditas de aceite de oliva, divididas
- 1 libra de pechugas de pollo, deshuesadas
- 1 taza de cebada de cocción rápida
- 2 tazas de agua
- ¼ de cucharadita de pimienta negra
- 1 cucharadita de orégano
- ¼ de cucharadita de hojuelas de pimiento rojo
- ½ cucharadita de albahaca
- 2 tomates ciruela
- ½ taza de aceitunas griegas, sin hueso
- 1 cucharada de perejil fresco

Direcciones:

Comience quitando la piel de su pollo y luego córtelo en trozos más pequeños. Pica el ajo y el perejil y luego pica las aceitunas, el calabacín, los tomates y las cebollas. Saque una cacerola y hierva el agua. Mezcle la cebada y déjela hervir a fuego lento durante ocho a diez minutos.

Apaga el fuego. Déjalo reposar durante cinco minutos. Saque una sartén y agregue dos cucharaditas de aceite de oliva. Sofríe el pollo una vez que esté caliente y luego retíralo del fuego. Cocina la cebolla en el aceite restante. Mezcle los ingredientes restantes y cocine de tres a cinco minutos adicionales. Sirva caliente.

Nutrición (por 100 g): 337 Calorías 8,6 g Grasas 32,3 g Carbohidratos 31,7 g Proteínas 517 mg Sodio

Ensalada de pepino balsámico

Tiempo de preparación: 15 minutos.

Hora de cocinar : 0 minutos

Porciones: 4

Nivel de dificultad: Fácil

Ingredientes:

- 2/3 de pepino inglés grande, cortado por la mitad y en rodajas
- 2/3 de cebolla morada mediana, cortada por la mitad y en rodajas finas
- 5 1/2 cucharadas de vinagreta balsámica
- 1 1/3 tazas de tomates uva, cortados por la mitad
- 1/2 taza de queso feta reducido en grasa desmenuzado

Direcciones:

En un tazón grande, mezcle el pepino, los tomates y la cebolla. Agrega la vinagreta; revuelva para cubrir. Refrigere, tapado, hasta servir. Justo antes de servir, agregue el queso. Sirva con una cucharadita ranurada.

Nutrición (por 100 g): 250 calorías 12 g de grasas 15 g de carbohidratos 34 g de proteínas 633 mg de sodio

Empanadas de carne kefta con ensalada de pepino

Tiempo de preparación: 10 minutos.

Hora de cocinar : 15 minutos

Porciones: 2

Nivel de dificultad: Difícil

Ingredientes:

- Spray para cocinar
- 1/2 libra de solomillo molido
- 2 cucharadas más 2 cucharadas de perejil de hoja plana fresco picado, dividido
- 1 1/2 cucharaditas de jengibre fresco picado y pelado
- 1 cucharadita de cilantro molido
- 2 cucharadas de cilantro fresco picado
- 1/4 cucharadita de sal
- 1/2 cucharadita de comino molido
- 1/4 de cucharadita de canela en polvo
- 1 taza de pepinos ingles en rodajas finas
- 1 cucharada de vinagre de arroz
- 1/4 taza de yogur griego natural sin grasa
- 1 1/2 cucharaditas de jugo de limón fresco
- 1/4 de cucharadita de pimienta negra recién molida
- 1 pitas (6 pulgadas), en cuartos

Direcciones:

Caliente una sartén a la parrilla a fuego medio-alto. Cubra la sartén con aceite en aerosol. Combine la carne de res, 1/4 vaso de perejil, el cilantro y los siguientes 5 elementos en un tazón mediano. Divida la combinación en 4 porciones iguales, formando cada una en una hamburguesa de 1/2 pulgada de grosor. Agrega las hamburguesas a la sartén; cocine ambos lados hasta el grado deseado de cocción.

Mezcle el pepino y el vinagre en un tazón mediano; tirar bien. Combine el yogur sin grasa, las 2 cucharadas restantes de perejil, jugo y pimienta en un tazón pequeño; revuelva con un batidor. Coloque 1 hamburguesa y 1/2 taza de mezcla de pepino en cada una de las 4 vajillas. Cubra cada ofrenda con aproximadamente 2 cucharadas de especias de yogur. Sirva cada uno con 2 gajos de pita.

Nutrición (por 100 g): 116 calorías 5 g de grasas 11 g de carbohidratos 28 g de proteína 642 mg de sodio

Ensalada De Pollo Y Pepino Con Pesto De Perejil

Tiempo de preparación: 15 minutos.

Hora de cocinar : 5 minutos

Porciones: 8

Nivel de dificultad: Fácil

Ingredientes:

- 2 2/3 tazas de hojas frescas de perejil de hoja plana empaquetadas
- 1 1/3 tazas de espinacas tiernas frescas
- 1 1/2 cucharadas de piñones tostados
- 1 1/2 cucharadas de queso parmesano rallado
- 2 1/2 cucharadas de jugo de limón fresco
- 1 1/3 cucharaditas de sal kosher
- 1/3 cucharadita de pimienta negra
- 1 1/3 dientes de ajo medianos, triturados
- 2/3 taza de aceite de oliva extra virgen
- 5 1/3 tazas de pollo rostizado desmenuzado (de 1 pollo)
- 2 2/3 tazas de edamame cocido sin cáscara
- 1 1/2 latas 1 (15 oz.) De garbanzos sin sal, escurridos y enjuagados
- 1 1/3 tazas de pepinos ingleses picados
- 5 1/3 tazas de rúcula sin apretar

Direcciones:

Combine el perejil, las espinacas, el jugo de limón, los piñones, el queso, el ajo, la sal y la pimienta en un procesador de alimentos; proceso de aproximadamente 1 minuto. Con el procesador en funcionamiento, agregue aceite; procese hasta que quede suave, aproximadamente 1 minuto.

Mezcle el pollo, el edamame, los garbanzos y el pepino en un tazón grande. Agrega el pesto; revuelva para combinar.

Coloque 2/3 de taza de rúcula en cada uno de los 6 tazones; cubra cada uno con 1 taza de mezcla de ensalada de pollo. Servir inmediatamente.

Nutrición (por 100 g): 116 calorías 12 g de grasas 3 g de carbohidratos 9 g de proteína 663 mg de sodio

Ensalada Fácil De Rúcula

Tiempo de preparación: 15 minutos.

Hora de cocinar : 0 minutos

Porciones: 6

Nivel de dificultad: Fácil

Ingredientes:

- 6 tazas de hojas tiernas de rúcula, enjuagadas y secas
- 1 1/2 tazas de tomates cherry, cortados por la mitad
- 6 cucharadas de piñones
- 3 cucharadas de aceite de semilla de uva o aceite de oliva
- 1 1/2 cucharadas de vinagre de arroz
- 3/8 cucharadita de pimienta negra recién molida al gusto
- 6 cucharadas de queso parmesano rallado
- 3/4 cucharadita de sal al gusto
- 1 1/2 aguacates grandes, pelados, sin hueso y en rodajas

Direcciones:

En un plato de plástico grande con tapa, incorpore rúcula, tomates cherry, productos de piñones, aceite, vinagre y queso parmesano. Período con sal y pimienta para darle sabor. Cubra y escúrralo para mezclar.

Separe la ensalada sobre la porcelana y cubra con rodajas de aguacate.

Nutrición (por 100 g): 120 calorías 12 g de grasas 14 g de carbohidratos 25 g de proteínas 736 mg de sodio

Ensalada de frijoles y garbanzos con queso feta

Tiempo de preparación: 10 minutos.

Hora de cocinar : 0 minutos

Porciones: 6

Nivel de dificultad: Fácil

Ingredientes:

- 1 1/2 latas (15 onzas) de garbanzos
- 1 1/2 latas (2-1 / 4 onzas) de aceitunas maduras en rodajas, escurridas
- 1 1/2 tomates medianos
- 6 cucharadas de cebollas rojas en rodajas finas
- 2 1/4 tazas 1-1 / 2 pepinos ingleses picados en trozos grandes
- 6 cucharadas de perejil fresco picado
- 4 1/2 cucharadas de aceite de oliva
- 3/8 cucharadita de sal
- 1 1/2 cucharadas de jugo de limón
- 3/16 cucharadita de pimienta
- 7 1/2 tazas de lechugas mixtas
- 3/4 taza de queso feta desmenuzado

Direcciones:

Transfiera todos los ingredientes en un tazón grande; revuelva para combinar. Agrega el queso parmesano.

Nutrición (por 100 g): 140 calorías 16 g de grasas 10 g de carbohidratos 24 g de proteínas 817 mg de sodio

Cuencos de arroz integral y salvaje griego

Tiempo de preparación: 15 minutos.

Hora de cocinar : 5 minutos

Porciones: 4

Nivel de dificultad: Fácil

Ingredientes:

- 2 paquetes (8-1 / 2 onzas) de arroz integral y salvaje listo para servir
- 1 aguacate mediano maduro, pelado y en rodajas
- 1 1/2 tazas de tomates cherry, cortados por la mitad
- 1/2 taza de vinagreta griega, cantidad dividida
- 1/2 taza de queso feta desmenuzado
- 1/2 taza de aceitunas griegas sin hueso, en rodajas
- perejil fresco picado, opcional

Direcciones:

Dentro de un plato apto para microondas, mezcle la mezcla de granos y 2 cucharadas de vinagreta. Cubra y cocine a fuego alto hasta que esté bien caliente, aproximadamente 2 minutos. Dividir en 2 tazones. Mejor con aguacate, tomate, verduras, queso, aceitunas, sobras de aderezo y, si lo desea, perejil.

Nutrición (por 100 g): 116 calorías 10 g de grasas 9 g de carbohidratos 26 g de proteína 607 mg de sodio

Ensalada De Cena Griega

Tiempo de preparación: 10 minutos.

Hora de cocinar : 0 minutos

Porciones: 4

Nivel de dificultad: Fácil

Ingredientes:

- 2 1/2 cucharadas de perejil fresco picado grueso
- 2 cucharadas de eneldo fresco picado grueso
- 2 cucharaditas de jugo de limón fresco
- 2/3 cucharadita de orégano seco
- 2 cucharaditas de aceite de oliva virgen extra
- 4 tazas de lechuga romana rallada
- 2/3 taza de cebollas rojas en rodajas finas
- 1/2 taza de queso feta desmenuzado
- 2 tazas de tomates cortados en cubitos
- 2 cucharaditas de alcaparras
- 2/3 de pepino, pelado, cortado en cuartos a lo largo y en rodajas finas
- 2/3 (19 onzas) de garbanzos, escurridos y enjuagados
- 4 pitas de trigo integral (6 pulgadas), cada una cortada en 8 gajos

Direcciones:

Combine las primeras 5 sustancias en un plato grande; revuelva con un batidor. Agregue un miembro de la familia de las lechugas y los siguientes 6 ingredientes (lechuga hasta garbanzos); tirar bien. Sirva con gajos de pita.

Nutrición (por 100 g): 103 calorías 12 g de grasas 8 g de carbohidratos 36 g de proteínas 813 mg de sodio

Fletán con ensalada de limón e hinojo

Tiempo de preparación: 15 minutos.

Hora de cocinar : 5 minutos

Porciones: 2

Nivel de dificultad: promedio

Ingredientes:

- 1/2 cucharadita de cilantro molido
- 1/4 cucharadita de sal
- 1/8 cucharadita de pimienta negra recién molida
- 2 1/2 cucharaditas de aceite de oliva extra virgen, dividido
- 1/4 de cucharadita de comino molido
- 1 diente de ajo picado
- 2 filetes de fletán (6 onzas)
- 1 taza de bulbo de hinojo
- 2 cucharadas de cebollas rojas finamente rebanadas verticalmente
- 1 cucharada de jugo de limón fresco
- 1 1/2 cucharaditas de perejil de hoja plana picado
- 1/2 cucharadita de hojas frescas de tomillo

Direcciones:

Combine las primeras 4 sustancias en un plato pequeño. Combine 1/2 cucharadita de la mezcla de especias, 2 cucharaditas de aceite y el ajo en un tazón pequeño; frote la mezcla de dientes de ajo uniformemente sobre el pescado. Caliente 1 cucharadita de aceite en una sartén antiadherente grande a temperatura media-alta. Agrega el pescado a la sartén; cocine 5 minutos por cada lado o hasta el nivel deseado de cocción.

Combine las 3/4 cucharaditas restantes de la mezcla de especias, las 2 cucharaditas de aceite restantes, la bombilla de hinojo y las sustancias restantes en un tazón mediano, mezclando bien para cubrir. Proporcione ensalada con mariscos.

Nutrición (por 100 g): 110 calorías 9 g de grasas 11 g de carbohidratos 29 g de proteínas 558 mg de sodio

Ensalada de pollo griego con hierbas

Tiempo de preparación: 10 minutos.

Hora de cocinar : 10 minutos

Porciones: 2

Nivel de dificultad: promedio

Ingredientes:

- 1/2 cucharadita de orégano seco
- 1/4 de cucharadita de ajo en polvo
- 3/8 cucharadita de pimienta negra, dividida
- Spray para cocinar
- 1/2 libra de pechugas de pollo deshuesadas y sin piel, cortadas en cubos de 1 pulgada
- 1/4 de cucharadita de sal, dividida
- 1/2 taza de yogur natural sin grasa
- 1 cucharadita de tahini (pasta de ajonjolí)
- 2 1/2 cucharaditas. jugo de limon fresco
- 1/2 cucharadita de ajo picado en botella
- 4 tazas de lechuga romana picada
- 1/2 taza de pepinos ingleses pelados y picados
- 1/2 taza de tomates uva, cortados por la mitad
- 3 aceitunas kalamata sin hueso, cortadas por la mitad
- 2 cucharadas (1 onza) de queso feta desmenuzado

Direcciones:

Combine el orégano, el ajo en polvo natural, 1/2 cucharadita de pimienta y 1/4 cucharadita de sal en un tazón. Calienta una sartén antiadherente a fuego medio-alto. Recubrir la sartén con aceite en aerosol para cocinar. Agregue la combinación de aves y especias; saltee hasta que la carne de ave esté lista. Rocíe con 1 cucharadita de jugo; revolver. Retirar de la sartén.

Combine las 2 cucharaditas de jugo restantes, el 1/4 de cucharadita de sodio sobrante, el 1/4 de cucharadita de pimienta restante, el yogur, el tahini y el ajo en un tazón pequeño; mezclar bien. Combine miembros de la familia de las lechugas, pepino, tomates y aceitunas. Pon 2 1/2 tazas de mezcla de lechuga en cada uno de los 4 platos. Cubra cada porción con 1/2 taza de combinación de pollo y 1 cucharadita de queso. Rocíe cada porción con 3 cucharadas de combinación de yogur

Nutrición (por 100 g): 116 calorías 11 g de grasas 15 g de carbohidratos 28 g de proteína 634 mg de sodio

Ensalada Griega De Cuscús

Tiempo de preparación: 10 minutos.

Hora de cocinar : 15 minutos

Porciones: 10

Nivel de dificultad: Fácil

Ingredientes:

- 1 lata (14-1 / 2 onzas) de caldo de pollo reducido en sodio
- 1 1/2 tazas 1-3 / 4 cuscús de trigo integral crudo (aproximadamente 11 onzas)
- Vendaje:
- 6 1/2 cucharadas de aceite de oliva
- 1 1/4 cucharaditas 1-1 / 2 ralladura de limón
- 3 1/2 cucharadas de jugo de limón
- 13/16 cucharadita de condimentos de adobo
- 3/16 cucharadita de sal
- Ensalada:
- 1 2/3 tazas de tomates uva, cortados por la mitad
- 5/6 pepino inglés, cortado por la mitad a lo largo y en rodajas
- 3/4 taza de perejil fresco picado grueso
- 1 lata (6-1 / 2 onzas) de aceitunas maduras en rodajas, escurridas
- 6 1/2 cucharadas de queso feta desmenuzado
- 3 1/3 cebollas verdes, picadas

Direcciones:

En una cacerola grande, hierva el caldo. Incorpora el cuscús. Retírelo del calor; Deje reposar tapado hasta que se absorba el caldo, aproximadamente 5 minutos. Transfiera a un plato grande; enfriar completamente.

Batir las sustancias del aderezo. Agregue pepino, tomate, verduras, perejil, aceitunas y cebollas verdes al cuscús; revuelva en el aderezo. Mezcle suavemente el queso. Proporcionar inmediatamente o refrigerar y servir helado.

Nutrición (por 100 g): 114 calorías 13 g de grasas 18 g de carbohidratos 27 g de proteínas 811 mg de sodio

Tortilla frita de Denver

Tiempo de preparación: 10 minutos.

Hora de cocinar : 30 minutos

Porciones: 4

Nivel de dificultad: promedio

Ingredientes:

- 2 cucharadas de mantequilla
- 1/2 cebolla, carne picada
- 1/2 pimiento verde picado
- 1 taza de jamón cocido picado
- 8 huevos
- 1/4 taza de leche
- 1/2 taza de queso cheddar rallado y pimienta negra molida al gusto

Direcciones:

Precaliente el horno a 200 grados C (400 grados F). Engrase una fuente para hornear redonda de 10 pulgadas.

Derrita la mantequilla a fuego medio; cocine y revuelva la cebolla y el pimiento hasta que estén suaves, aproximadamente 5 minutos. Agrega el jamón y sigue cocinando hasta que todo esté caliente durante 5 minutos.

Batir los huevos y la leche en un bol grande. Agrega la mezcla de queso cheddar y jamón; Sazone con sal y pimienta negro. Vierta la mezcla en una fuente para horno. Hornee en el horno, unos 25 minutos. Servir caliente.

Nutrición (por 100 g): 345 Calorías 26,8 g Grasas 3,6 g Carbohidratos 22,4 g Proteínas 712 mg Sodio

Sartén para salchichas

Tiempo de preparación: 25 minutos.

Hora de cocinar : 60 minutos

Porciones: 12

Nivel de dificultad: promedio

Ingredientes:

- Salchicha de desayuno de salvia de 1 libra,
- 3 tazas de papas ralladas, escurridas y exprimidas
- 1/4 taza de mantequilla derretida
- 12 oz de queso cheddar rallado suave
- 1/2 taza de cebolla rallada
- 1 recipiente pequeño de requesón (16 oz)
- 6 huevos gigantes

Direcciones:

Ponga el horno a 190 ° C. Engrase ligeramente una fuente de horno cuadrada de 9 x 13 pulgadas.

Coloque la salchicha en una sartén grande. Hornee a fuego medio hasta que quede suave. Escurrir, desmenuzar y reservar.

Mezcle las patatas ralladas y la mantequilla en la fuente para horno preparada. Cubre el fondo y los lados del plato con la mezcla. Combine en un tazón la salchicha, el queso cheddar, la cebolla, el requesón y los huevos. Vierta sobre la mezcla de papa. Déjalo hornear.

Deje enfriar durante 5 minutos antes de servir.

Nutrición (por 100 g): 355 Calorías 26,3 g Grasas 7,9 g Carbohidratos 21,6 g Proteínas 755 mg Sodio.

Camarones Marinados A La Parrilla

Tiempo de preparación: 30 minutos.

Hora de cocinar : 60 minutos

Porciones: 6

Nivel de dificultad: Fácil

Ingredientes:

- 1 taza de aceite de oliva
- 1/4 taza de perejil fresco picado
- 1 limón, en jugo
- 3 dientes de ajo finamente picados
- 1 cucharada de puré de tomate
- 2 cucharaditas de orégano seco
- 1 cucharadita de sal
- 2 cucharadas de salsa picante
- 1 cucharadita de pimienta negra molida
- 2 libras de camarones, pelados y sin colas

Direcciones:

Combine el aceite de oliva, el perejil, el jugo de limón, la salsa picante, el ajo, el puré de tomate, el orégano, la sal y la pimienta negra en un tazón. Reserva una pequeña cantidad para ensartar más tarde. Llene la bolsa de plástico grande con cierre con marinada y camarones. Cerrar y dejar enfriar durante 2 horas.

Precalienta la parrilla a fuego medio. Enhebre los camarones en brochetas, pinche una vez en la cola y una vez en la cabeza. Desecha la marinada.

Engrase ligeramente la parrilla. Cocine las gambas durante 5 minutos por cada lado o hasta que estén opacas, a menudo rocíelas con la marinada reservada.

Nutrición (por 100 g): 447 Calorías 37,5 g Grasas 3,7 g Carbohidratos 25,3 g Proteínas 800 mg Sodio

Cazuela De Huevo De Salchicha

Tiempo de preparación: 20 minutos.

Hora de cocinar : 1 hora 10 minutos

Porciones: 12

Nivel de dificultad: promedio

Ingredientes:

- 3/4 de libra de salchicha de cerdo finamente picada
- 1 cucharada de mantequilla
- 4 cebollas verdes, carne picada
- 1/2 libra de champiñones frescos
- 10 huevos batidos
- 1 envase (16 gramos) de requesón bajo en grasa
- 1 libra de queso Monterey Jack, rallado
- 2 latas de pimiento verde cortado en cubitos, escurrido
- 1 taza de harina, 1 cucharadita de levadura en polvo
- 1/2 cucharadita de sal
- 1/3 taza de mantequilla derretida

Direcciones:

Pon la salchicha en una sartén profunda. Hornee a fuego medio hasta que quede suave. Escurrir y reservar. Derretir la mantequilla en una sartén, cocinar y remover las cebolletas y los champiñones hasta que estén suaves.

Combine los huevos, el requesón, el queso Monterey Jack y los pimientos en un tazón grande. Agregue las salchichas, las cebollas verdes y los champiñones. Tapar y pasar la noche en el frigorífico.

Configure el horno a 175 ° C (350 ° F). Engrase una fuente para hornear ligera de 9 x 13 pulgadas.

Tamiza la harina, el polvo de hornear y la sal en un bol. Agrega la mantequilla derretida. Incorpora la mezcla de harina a la mezcla de huevo. Vierta en la fuente para hornear preparada. Hornee hasta que esté ligeramente dorado. Deje reposar durante 10 minutos antes de servir.

Nutrición (por 100 g): 408 Calorías 28,7 g Grasas 12,4 g Carbohidratos 25,2 g Proteínas 1095 mg Sodio

Cuadrados de tortilla al horno

Tiempo de preparación: 15 minutos.

Hora de cocinar : 30 minutos

Porciones: 8

Nivel de dificultad: Fácil

Ingredientes:

- 1/4 taza de mantequilla
- 1 cebolla pequeña, carne picada
- 1 1/2 tazas de queso cheddar rallado
- 1 lata de champiñones en rodajas
- 1 lata de jamón cocido con aceitunas negras (opcional)
- chiles jalapeños en rodajas (opcional)
- 12 huevos, huevos revueltos
- 1/2 taza de leche
- sal y pimienta para probar

Direcciones:

Prepare el horno a 205 ° C (400 ° F). Engrase una fuente para hornear de 9 x 13 pulgadas.

Cocina la mantequilla en una sartén a fuego medio y cocina la cebolla hasta que esté cocida.

Coloque el queso cheddar en el fondo de la fuente para hornear preparada. Cubra con champiñones, aceitunas, cebolla frita, jamón y chiles jalapeños. Revuelva los huevos en un bol con leche, sal y pimienta. Vierta la mezcla de huevo sobre los ingredientes, pero no mezcle.

Hornee en el horno sin tapar y precalentado, hasta que no fluya más líquido en el medio y esté marrón claro por encima. Deje enfriar un poco, luego córtelo en cuadritos y sirva.

Nutrición (por 100 g): 344 Calorías 27,3 g Grasas 7,2 g Carbohidratos 17,9 g Proteínas 1087 mg Sodio

Huevo cocido

Tiempo de preparación: 5 minutos.

Hora de cocinar : 15 minutos

Porciones: 8

Nivel de dificultad: Fácil

Ingredientes:

- 1 cucharada de sal
- 1/4 taza de vinagre blanco destilado
- 6 tazas de agua
- 8 huevos

Direcciones:

Coloque la sal, el vinagre y el agua en una cacerola grande y deje hervir a fuego alto. Agregue los huevos uno por uno y tenga cuidado de no partirlos. Baje el fuego y cocine a fuego lento y cocine por 14 minutos.

Saca los huevos del agua caliente y colócalos en un recipiente lleno de agua helada o fría. Deje enfriar completamente, aproximadamente 15 minutos.

Nutrición (por 100 g): 72 Calorías 5 g Grasas 0.4 g Carbohidratos 6.3 g Proteínas 947 mg Sodio

Champiñones con Glaseado de Salsa de Soja

Tiempo de preparación: 5 minutos.

Hora de cocinar : 10 minutos

Porciones: 2

Nivel de dificultad: promedio

Ingredientes:

- 2 cucharadas de mantequilla
- 1 paquete (8 onzas) de champiñones blancos en rodajas
- 2 dientes de ajo picados
- 2 cucharaditas de salsa de soja
- pimienta negra molida al gusto

Direcciones:

Cuece la mantequilla en una sartén a fuego medio; revuelva en los champiñones; cocine y revuelva hasta que los champiñones estén suaves y sueltos unos 5 minutos. Agrega el ajo; siga cocinando y revuelva durante 1 minuto. Vierta la salsa de soja; cocine los champiñones en la salsa de soja hasta que el líquido se haya evaporado, unos 4 minutos.

Nutrición (por 100 g): 135 Calorías 11,9 g Grasas 5,4 g Carbohidratos

Huevos de pepperoni

Tiempo de preparación: 10 minutos.

Hora de cocinar : 20 minutos

Porciones: 2

Nivel de dificultad: promedio

Ingredientes:

- 1 taza de sustituto de huevo
- 1 huevo
- 3 cebollas verdes, carne picada
- 8 rodajas de pepperoni, cortadas en cubitos
- 1/2 cucharadita de ajo en polvo
- 1 cucharadita de mantequilla derretida
- 1/4 taza de queso romano rallado
- sal y pimienta negra molida al gusto

Direcciones:

Combine el sustituto de huevo, el huevo, las cebollas verdes, las rodajas de pepperoni y el ajo en polvo en un bol.

Cuece la mantequilla en una sartén antiadherente a fuego lento; Agrega la mezcla de huevo, sella la sartén y cocina de 10 a 15 minutos. Espolvorea los huevos de Romano y sazona con sal y pimienta.

Nutrición (por 100 g): 266 Calorías 16,2 g Grasas 3,7 g Carbohidratos 25,3 g Proteínas 586 mg Sodio

Magdalenas De Huevo

Tiempo de preparación: 15 minutos.

Hora de cocinar : 20 minutos

Porciones: 6

Nivel de dificultad: promedio

Ingredientes:

- 1 paquete de tocino (12 onzas)
- 6 huevos
- 2 cucharadas de leche
- 1/4 cucharadita de sal
- 1/4 cucharadita de pimienta negra molida
- 1 c. Mantequilla derretida
- 1/4 de cucharadita. Perejil seco
- 1/2 taza de jamón
- 1/4 taza de queso mozzarella
- 6 rodajas de gouda

Direcciones:

Prepare el horno a 175 ° C (350 ° F). Cocine el tocino a fuego medio, hasta que comience a dorarse. Seca las rodajas de tocino con papel de cocina.

Coloca las rebanadas de tocino en las 6 tazas del molde para muffins antiadherente. Corta el tocino restante y colócalo en el fondo de cada taza.

Mezcle los huevos, la leche, la mantequilla, el perejil, la sal y la pimienta. Agrega el jamón y el queso mozzarella.

Llena las tazas con la mezcla de huevo; decorar con queso Gouda.

Hornee en el horno precalentado hasta que el queso Gouda se derrita y los huevos estén tiernos unos 15 minutos.

Nutrición (por 100 g): 310 Calorías 22,9 g Grasas 2,1 g Carbohidratos 23,1 g Proteínas 988 mg Sodio.

Huevos de dinosaurio

Tiempo de preparación: 20 minutos.

Hora de cocinar : 15 minutos

Porciones: 4

Nivel de dificultad: Difícil

Ingredientes:

- Mostaza:
- 1/4 taza de mostaza gruesa
- 1/4 taza de yogur griego
- 1 cucharadita de ajo en polvo
- 1 pizca de pimienta de cayena
- Huevos:
- 2 huevos batidos
- 2 tazas de hojuelas de puré de papa
- 4 huevos duros, pelados
- 1 lata (15 oz) de carne de res picada HORMEL® Mary Kitchen® lata finamente picada
- 2 litros de aceite vegetal para freír

Direcciones:

Combine la mostaza antigua, el yogur griego, el ajo en polvo y la pimienta de cayena en un tazón pequeño hasta que quede suave.

Transfiera los 2 huevos batidos en un plato llano; coloque las hojuelas de papa en un plato poco profundo aparte.

Divida la carne picada en 4 porciones. Forme carne de res salada alrededor de cada huevo hasta que esté completamente envuelto.

Remojar los huevos envueltos en el huevo batido y untar con puré de papas hasta que queden cubiertos.

Llene el aceite en una cacerola grande y caliente a 190 ° C (375 ° F).

Pon 2 huevos en el aceite caliente y hornea de 3 a 5 minutos hasta que se doren. Retirar con una gota de cuchara y colocar en un plato forrado con papel de cocina. Repite esto con los 2 huevos restantes.

Cortar a lo largo y servir con salsa de mostaza.

Nutrición (por 100 g): 784 Calorías 63,2 g Grasas 34 g Carbohidratos

Frittata de tomate y eneldo

Tiempo de preparación: 10 minutos.

Hora de cocinar : 35 minutos

Porciones: 6

Nivel de dificultad: promedio

Ingredientes:

- Pimienta y sal al gusto
- 1 cucharadita de hojuelas de pimiento rojo
- 2 dientes de ajo picados
- ½ taza de queso de cabra desmenuzado - opcional
- 2 cucharadas de cebollino fresco, picado
- 2 cucharadas de eneldo fresco picado
- 4 tomates, cortados en cubitos
- 8 huevos, batidos
- 1 cucharadita de aceite de coco

Direcciones:

Engrase un molde para hornear redondo de 9 pulgadas y precaliente el horno a 325oF.

En un tazón grande, mezcle bien todos los ingredientes y vierta en el molde preparado.

Colóquelo en el horno y hornee hasta que el medio esté cocido durante unos 30-35 minutos.

Retirar del horno y decorar con más cebollino y eneldo.

Nutrición (por 100 g): 149 Calorías 10,28 g Grasas 9,93 g Carbohidratos 13,26 g Proteínas 523 mg Sodio

Panqueques de plátano y almendra Paleo

Tiempo de preparación: 10 minutos.

Hora de cocinar : 10 minutos

Porciones: 3

Nivel de dificultad: promedio

Ingredientes:

- ¼ de taza de harina de almendras
- ½ cucharadita de canela molida
- 3 huevos
- 1 plátano, machacado
- 1 cucharada de mantequilla de almendras
- 1 cucharadita de extracto de vainilla
- 1 cucharadita de aceite de oliva
- Plátano en rodajas para servir

Direcciones:

Batir los huevos en un tazón hasta que estén esponjosos. En otro tazón, machaca el plátano con un tenedor y agrégalo a la mezcla de huevo. Agrega la vainilla, la mantequilla de almendras, la canela y la harina de almendras. Mezclar hasta obtener una masa suave. Calentar el aceite de oliva en una sartén. Agrega una cucharada de masa y fríelos por ambos lados.

Siga haciendo estos pasos hasta que haya terminado con toda la masa.

Agregue un poco de plátano en rodajas encima antes de servir.

Nutrición (por 100 g): 306 Calorías 26 g Grasas 3,6 g Carbohidratos 14,4 g Proteínas 588 mg Sodio

Calabacín con Huevo

Tiempo de preparación: 5 minutos.

Hora de cocinar : 10 minutos

Porciones: 2

Nivel de dificultad: Fácil

Ingredientes:

- 1 1/2 cucharadas de aceite de oliva
- 2 calabacines grandes, cortados en trozos grandes
- sal y pimienta negra molida al gusto
- 2 huevos grandes
- 1 cucharadita de agua o al gusto

Direcciones:

Cuece el aceite en una sartén a fuego medio; saltee el calabacín hasta que esté suave, aproximadamente 10 minutos. Sazone bien el calabacín.

Batir los huevos con un tenedor en un tazón. Verter agua y batir hasta que todo esté bien mezclado. Vierta los huevos sobre el calabacín; hervir y revolver hasta que los huevos revueltos y no fluyan más, unos 5 minutos. Sazone bien los calabacines y los huevos.

Nutrición (por 100 g): 213 Calorías 15,7 g Grasas 11,2 g Carbohidratos 10,2 g Proteínas 180 mg Sodio

Cazuela de desayuno amish con queso

Tiempo de preparación: 10 minutos.

Hora de cocinar : 50 minutos

Porciones: 12

Nivel de dificultad: Fácil

Ingredientes:

- 1 libra de tocino en rodajas, cortado en cubitos
- 1 cebolla dulce, carne picada
- 4 tazas de papas ralladas y congeladas, descongeladas
- 9 huevos ligeramente batidos
- 2 tazas de queso cheddar rallado
- 1 1/2 taza de requesón
- 1 1/4 tazas de queso suizo rallado

Direcciones:

Precalienta el horno a 175 ° C (350 ° F). Engrase una fuente para hornear de 9 x 13 pulgadas.

Caliente una sartén grande a fuego medio; cocine y revuelva el tocino y la cebolla hasta que el tocino esté dorado uniformemente durante unos 10 minutos. Drenar. Agregue las papas, los huevos, el queso cheddar, el requesón y el queso suizo. Llene la mezcla en una fuente para hornear preparada.

Hornee en el horno hasta que los huevos estén cocidos y el queso se derrita de 45 a 50 minutos. Dejar reposar durante 10 minutos antes de cortar y servir.

Nutrición (por 100 g): 314 Calorías 22,8 g Grasas 12,1 g Carbohidratos 21,7 g Proteínas 609 mg Sodio

Ensalada con Queso Roquefort

Tiempo de preparación: 20 minutos.

Hora de cocinar : 25 minutos

Porciones: 6

Nivel de dificultad: Fácil

Ingredientes:

- 1 hoja de lechuga, cortada en trozos pequeños
- 3 peras - peladas, sin corazón y cortadas en trozos
- 5 oz de queso roquefort, desmenuzado
- 1/2 taza de cebollas verdes picadas
- 1 aguacate, pelado, sin semillas y cortado en cubitos
- 1/4 taza de azúcar blanca
- 1/2 taza de nueces pecanas
- 1 1/2 cucharadita de azúcar blanca
- 1/3 taza de aceite de oliva
- 3 cucharadas de vinagre de vino tinto,
- 1 1/2 cucharaditas de mostaza preparada,
- 1 diente de ajo picado,
- 1/2 cucharadita de pimienta negra fresca molida

Direcciones:

Incorpora 1/4 taza de azúcar con las nueces en una sartén a fuego medio. Continúe revolviendo suavemente hasta que el azúcar se derrita con las nueces. Coloca con cuidado las nueces sobre papel encerado. Reservar y romper en pedazos.

Combinación de aceite de vinagreta, vinagre, 1 1/2 cucharadita de azúcar, mostaza, ajo picado, sal y pimienta.

En un tazón grande, mezcle la lechuga, las peras, el queso azul, el aguacate y las cebolletas. Vierta la vinagreta sobre la ensalada, cubra con nueces y sirva.

Nutrición (por 100 g): 426 Calorías 31,6 g Grasas 33,1 g Carbohidratos 8 g Proteínas 654 mg Sodio

Arroz con Fideos

Tiempo de preparación: 5 minutos.

Hora de cocinar : 45 minutos

Porciones: 6

Nivel de dificultad: Fácil

Ingredientes:

- 2 tazas de arroz de grano corto
- 3½ tazas de agua, y más para enjuagar y remojar el arroz
- ¼ taza de aceite de oliva
- 1 taza de pasta de fideos rotos
- Sal

Direcciones:

Remoja el arroz en agua fría hasta que el agua salga limpia. Coloque el arroz en un bol, cúbralo con agua y déjelo en remojo durante 10 minutos. Escurrir y reservar. Cocina el aceite de oliva en una olla mediana a fuego medio.

Agregue los fideos y cocine durante 2 a 3 minutos, revolviendo continuamente, hasta que estén dorados.

Ponga el arroz y cocine por 1 minuto, revolviendo, para que el arroz quede bien cubierto de aceite. Agregue el agua y una pizca de sal y deje hervir el líquido. Ajuste el fuego y cocine a fuego lento durante 20 minutos. Retirar del fuego y dejar reposar durante 10 minutos. Revuelva con un tenedor y sirva.

Nutrición (por 100 g): 346 calorías 9 g de grasa total 60 g de carbohidratos 2 g de proteína 0,9 mg de sodio

Habas y arroz

Tiempo de preparación: 10 minutos.

Hora de cocinar : 35 minutos

Porciones: 4

Nivel de dificultad: Fácil

Ingredientes:

- ¼ taza de aceite de oliva
- 4 tazas de habas frescas, sin cáscara
- 4½ tazas de agua, y más para rociar
- 2 tazas de arroz basmati
- 1/8 cucharadita de sal
- 1/8 cucharadita de pimienta negra recién molida
- 2 cucharadas de piñones tostados
- ½ taza de cebollino de ajo fresco picado o cebollino de cebolla fresca

Direcciones:

Llena la cacerola con aceite de oliva y cocina a fuego medio. Agrega las habas y rocíalas con un poco de agua para evitar que se quemen o se peguen. Cocine por 10 minutos.

Agregue suavemente el arroz. Agrega el agua, la sal y la pimienta. Ponga el fuego y hierva la mezcla. Ajusta el fuego y déjalo hervir a fuego lento durante 15 minutos.

Retirar del fuego y dejar reposar durante 10 minutos antes de servir. Vierta en una fuente y espolvoree con los piñones tostados y las cebolletas.

Nutrición (por 100 g): 587 calorías 17 g de grasa total 97 g de carbohidratos 2 g de proteína 0,6 mg de sodio

Habas con mantequilla

Tiempo de preparación: 30 minutos.

Hora de cocinar : 15 minutos

Porciones: 4

Nivel de dificultad: Fácil

Ingredientes:

- ½ taza de caldo de verduras
- 4 libras de habas, sin cáscara
- ¼ de taza de estragón fresco, cantidad dividida
- 1 cucharadita de tomillo fresco picado
- ¼ de cucharadita de pimienta negra recién molida
- 1/8 cucharadita de sal
- 2 cucharadas de mantequilla
- 1 diente de ajo picado
- 2 cucharadas de perejil fresco picado

Direcciones:

Hierva el caldo de verduras en una sartén poco profunda a fuego medio. Agrega las habas, 2 cucharadas de estragón, el tomillo, la pimienta y la sal. Cocine hasta que el caldo esté casi absorbido y los frijoles estén tiernos.

Agregue la mantequilla, el ajo y las 2 cucharadas restantes de estragón. Cocine de 2 a 3 minutos. Espolvorear con el perejil y servir caliente.

Nutrición (por 100 g): 458 calorías 9 g de grasa 81 g de carbohidratos 37 g de proteína 691 mg de sodio

Freekeh

Tiempo de preparación: 10 minutos.

Hora de cocinar : 40 minutos

Porciones: 4

Nivel de dificultad: Fácil

Ingredientes:

- 4 cucharadas de ghee
- 1 cebolla picada
- 3½ tazas de caldo de verduras
- 1 cucharadita de pimienta gorda molida
- 2 tazas de freekeh
- 2 cucharadas de piñones tostados

Direcciones:

Derrita el ghee en una cacerola de fondo grueso a fuego medio. Agregue la cebolla y cocine durante unos 5 minutos, revolviendo constantemente, hasta que la cebolla esté dorada. Vierta el caldo de verduras, agregue la pimienta de Jamaica y deje hervir. Agregue el freekeh y vuelva a hervir la mezcla. Ajuste el fuego y cocine a fuego lento durante 30 minutos, revuelva ocasionalmente. Vierta el freekeh en un plato para servir y cubra con los piñones tostados.

Nutrición (por 100 g): 459 calorías 18 g de grasa 64 g de carbohidratos 10 g de proteína 692 mg de sodio

Bolas de Arroz Frito con Salsa de Tomate

Tiempo de preparación: 15 minutos.

Hora de cocinar : 20 minutos

Porciones: 8

Nivel de dificultad: Difícil

Ingredientes:

- 1 taza de pan rallado
- 2 tazas de risotto cocido
- 2 huevos grandes, divididos
- ¼ taza de queso parmesano recién rallado
- 8 bolitas frescas de mozzarella para bebés, o 1 tronco (4 pulgadas) de mozzarella fresca, cortada en 8 trozos
- 2 cucharadas de agua
- 1 taza de aceite de maíz
- 1 taza de salsa básica de tomate y albahaca, o comprada en la tienda

Direcciones:

Coloque las migas de pan en un tazón pequeño y reserve. En un tazón mediano, mezcle el risotto, 1 huevo y el queso parmesano hasta que estén bien. Divida la mezcla de risotto en 8 pedazos. Colócalos sobre una superficie de trabajo limpia y aplana cada pieza.

Coloque 1 bola de mozzarella en cada disco de arroz aplanado. Cierre el arroz alrededor de la mozzarella para formar una bola.

Repite hasta terminar todas las bolas. En el mismo tazón mediano, ahora vacío, bata el huevo restante y el agua. Sumerja cada bola de risotto preparada en el huevo batido y enróllela en el pan rallado. Dejar de lado.

Cocine el aceite de maíz en una sartén a fuego alto. Baje suavemente las bolas de risotto en el aceite caliente y fría de 5 a 8 minutos hasta que estén doradas. Revuélvalos, según sea necesario, para asegurarse de que toda la superficie esté frita. Con una espumadera, coloque las bolas fritas en toallas de papel para que escurran.

Caliente la salsa de tomate en una cacerola mediana a fuego medio durante 5 minutos, revuelva ocasionalmente y sirva la salsa tibia junto con las bolas de arroz.

Nutrición (por 100 g): 255 calorías 15 g de grasa 16 g de carbohidratos 2 g de proteína 669 mg de sodio

Arroz a la Española

Tiempo de preparación: 10 minutos.

Hora de cocinar : 35 minutos

Porciones: 4

Nivel de dificultad: promedio

Ingredientes:

- ¼ taza de aceite de oliva
- 1 cebolla pequeña finamente picada
- 1 pimiento morrón rojo, sin semillas y cortado en cubitos
- 1½ tazas de arroz blanco
- 1 cucharadita de pimentón dulce
- ½ cucharadita de comino molido
- ½ cucharadita de cilantro molido
- 1 diente de ajo picado
- 3 cucharadas de pasta de tomate
- 3 tazas de caldo de verduras
- 1/8 cucharadita de sal

Direcciones:

Cocina el aceite de oliva en una sartén grande de fondo grueso a fuego medio. Agregue la cebolla y el pimiento rojo. Cocine por 5 minutos o hasta que se ablande. Agregue el arroz, el pimentón, el comino y el cilantro y cocine durante 2 minutos, revolviendo con frecuencia.

Agrega el ajo, la pasta de tomate, el caldo de verduras y la sal. Revuelva bien y sazone, según sea necesario. Deja que la mezcla hierva. Baje el fuego y cocine a fuego lento durante 20 minutos.

Dejar reposar durante 5 minutos antes de servir.

Nutrición (por 100 g): 414 calorías 14 g de grasa 63 g de carbohidratos 2 g de proteína 664 mg de sodio

Calabacín con Arroz y Tzatziki

Tiempo de preparación: 20 minutos.

Hora de cocinar : 35 minutos

Porciones: 4

Nivel de dificultad: promedio

Ingredientes:

- ¼ taza de aceite de oliva
- 1 cebolla picada
- 3 calabacines, cortados en cubitos
- 1 taza de caldo de verduras
- ½ taza de eneldo fresco picado
- Sal
- Pimienta negra recién molida
- 1 taza de arroz de grano corto
- 2 cucharadas de piñones
- 1 taza de salsa tzatziki, yogur natural o comprado en la tienda

Direcciones:

Cocine el aceite en una olla de fondo grueso a fuego medio. Agregue la cebolla, baje el fuego a medio-bajo y saltee durante 5 minutos. Mezcle el calabacín y cocine por 2 minutos más.

Agregue el caldo de verduras y el eneldo y sazone con sal y pimienta. Suba el fuego a medio y hierva la mezcla.

Agregue el arroz y vuelva a poner la mezcla a hervir. Ponga el fuego a muy bajo, tape la olla y cocine por 15 minutos. Retirar del fuego y dejar reposar durante 10 minutos. Coloque el arroz en una fuente para servir, espolvoree con los piñones y sirva con salsa tzatziki.

Nutrición (por 100 g): 414 calorías 17 g de grasa 57 g de carbohidratos 5 g de proteína 591 mg de sodio

Frijoles Cannellini con Alioli de Romero y Ajo

Tiempo de preparación: 10 minutos.

Hora de cocinar : 10 minutos

Porciones: 4

Nivel de dificultad: Fácil

Ingredientes:

- 4 tazas de frijoles cannellini cocidos
- 4 tazas de agua
- ½ cucharadita de sal
- 3 cucharadas de aceite de oliva
- 2 cucharadas de romero fresco picado
- ½ taza de alioli de ajo
- ¼ de cucharadita de pimienta negra recién molida

Direcciones:

Mezcle los frijoles cannellini, el agua y la sal en una cacerola mediana a fuego medio. Llevar a hervir. Cocine por 5 minutos. Drenar. Cocina el aceite de oliva en una sartén a fuego medio.

Agrega los frijoles. Agrega el romero y el alioli. Ajuste el fuego a medio-bajo y cocine, revolviendo, solo para calentar. Sazone con pimienta y sirva.

Nutrición (por 100 g): 545 calorías 36 g de grasa 42 g de carbohidratos 14 g de proteína 608 mg de sodio

Arroz con joyas

Tiempo de preparación: 15 minutos.

Hora de cocinar : 30 minutos

Porciones: 6

Nivel de dificultad: Difícil

Ingredientes:

- ½ taza de aceite de oliva, dividida
- 1 cebolla finamente picada
- 1 diente de ajo picado
- ½ cucharadita de jengibre fresco pelado y picado
- 4½ tazas de agua
- 1 cucharadita de sal, dividida, y más según sea necesario
- 1 cucharadita de cúrcuma molida
- 2 tazas de arroz basmati
- 1 taza de guisantes dulces frescos
- 2 zanahorias, peladas y cortadas en dados de ½ pulgada
- ½ taza de arándanos secos
- Ralladura de 1 naranja
- 1/8 cucharadita de pimienta de cayena
- ¼ taza de almendras rebanadas, tostadas

Direcciones:

Caliente ¼ de taza de aceite de oliva en una sartén grande. Coloca la cebolla y cocina por 4 minutos. Sofría en el ajo y el jengibre.

Agregue el agua, ¾ de cucharadita de sal y la cúrcuma. Lleva la mezcla a ebullición. Agrega el arroz y vuelve a hervir. Pruebe el caldo y sazone con más sal, según sea necesario. Seleccione el fuego a bajo y cocine por 15 minutos. Apaga el fuego. Deje reposar el arroz sobre el fuego, tapado, durante 10 minutos. Mientras tanto, en una sartén mediana o sartén a fuego medio-bajo, caliente el ¼ de taza restante de aceite de oliva. Agrega los guisantes y las zanahorias. Cocine por 5 minutos.

Agregue los arándanos y la ralladura de naranja. Espolvoree con la sal restante y la pimienta de cayena. Cocine de 1 a 2 minutos. Vierta el arroz en una fuente para servir. Cubra con los guisantes y las zanahorias y espolvoree con las almendras tostadas.

Nutrición (por 100 g): 460 calorías 19 g de grasa 65 g de carbohidratos 4 g de proteína 810 mg de sodio

Cazuela De Berenjena Y Arroz

Tiempo de preparación: 30 minutos.

Hora de cocinar : 35 minutos

Porciones: 4

Nivel de dificultad: Difícil

Ingredientes:

- Para la salsa
- ½ taza de aceite de oliva
- 1 cebolla pequeña picada
- 4 dientes de ajo machacados
- 6 tomates maduros, pelados y picados
- 2 cucharadas de pasta de tomate
- 1 cucharadita de orégano seco
- ¼ de cucharadita de nuez moscada molida
- ¼ de cucharadita de comino molido
- Para la cazuela
- 4 berenjenas japonesas (6 pulgadas), cortadas a la mitad a lo largo
- 2 cucharadas de aceite de oliva
- 1 taza de arroz cocido
- 2 cucharadas de piñones tostados
- 1 taza de agua

Direcciones:

Para hacer la salsa

Cocina el aceite de oliva en una cacerola de fondo grueso a fuego medio. Coloque la cebolla y cocine por 5 minutos. Agregue el ajo, los tomates, la pasta de tomate, el orégano, la nuez moscada y el comino. Hierva y luego baje el fuego a bajo y cocine a fuego lento durante 10 minutos. Retirar y reservar.

Para hacer la cazuela

Precalienta el asador. Mientras la salsa hierve a fuego lento, rocíe las berenjenas con el aceite de oliva y colóquelas en una bandeja para hornear. Ase durante unos 5 minutos hasta que estén doradas. Retirar y dejar enfriar. Enciende el horno a 375 ° F. Coloque la berenjena enfriada, con el lado cortado hacia arriba, en una fuente para hornear de 9 por 13 pulgadas. Saque suavemente un poco de carne para dejar espacio para el relleno.

En un bol, combine la mitad de la salsa de tomate, el arroz cocido y los piñones. Rellena cada mitad de berenjena con la mezcla de arroz. En el mismo tazón, combine el resto de la salsa de tomate y el agua. Vierta sobre la berenjena. Hornee, tapado, durante 20 minutos hasta que la berenjena esté blanda.

Nutrición (por 100 g): 453 calorías 39 g de grasa 29 g de carbohidratos 7 g de proteína 820 mg de sodio

Cuscús de muchas verduras

Tiempo de preparación: 15 minutos.

Hora de cocinar : 45 minutos

Porciones: 8

Nivel de dificultad: Difícil

Ingredientes:

- ¼ taza de aceite de oliva
- 1 cebolla picada
- 4 dientes de ajo picados
- 2 chiles jalapeños, pinchados con un tenedor en varios lugares
- ½ cucharadita de comino molido
- ½ cucharadita de cilantro molido
- 1 lata (28 onzas) de tomates triturados
- 2 cucharadas de pasta de tomate
- 1/8 cucharadita de sal
- 2 hojas de laurel
- 11 tazas de agua, divididas
- 4 zanahorias
- 2 calabacines, cortados en trozos de 2 pulgadas
- 1 calabaza bellota, cortada a la mitad, sin semillas y cortada en rodajas de 1 pulgada de grosor
- 1 lata (15 onzas) de garbanzos, escurridos y enjuagados
- ¼ de taza de limones en conserva picados (opcional)

- 3 tazas de cuscús

Direcciones:

Cocina el aceite de oliva en una olla de fondo grueso. Coloca la cebolla y cocina por 4 minutos. Agregue el ajo, los jalapeños, el comino y el cilantro. Cocine por 1 minuto. Agrega los tomates, la pasta de tomate, la sal, las hojas de laurel y 8 tazas de agua. Lleva la mezcla a ebullición.

Agregue las zanahorias, el calabacín y la calabaza bellota y vuelva a hervir. Reduzca un poco el fuego, cubra y cocine durante unos 20 minutos hasta que las verduras estén tiernas pero no blandas. Coge 2 tazas del líquido de cocción y reserva. Sazone según sea necesario.

Agregue los garbanzos y los limones en conserva (si los usa). Cocine unos minutos y apague el fuego.

En una sartén mediana, hierva las 3 tazas de agua restantes a fuego alto. Agrega el cuscús, tapa y apaga el fuego. Deje reposar el cuscús durante 10 minutos. Rocíe con 1 taza del líquido de cocción reservado. Con un tenedor, esponje el cuscús.

Colócalo en una fuente grande. Rocíelo con el líquido de cocción restante. Saque las verduras de la olla y colóquelas encima. Sirve el guiso restante en un tazón aparte.

Nutrición (por 100 g): 415 calorías 7 g de grasa 75 g de carbohidratos 9 g de proteína 718 mg de sodio

Kushari

Tiempo de preparación: 25 minutos.

Hora de cocinar : 1 hora y 20 minutos

Porciones: 8

Nivel de dificultad: Difícil

Ingredientes:

- Para la salsa
- 2 cucharadas de aceite de oliva
- 2 dientes de ajo picados
- 1 lata (16 onzas) de salsa de tomate
- ¼ taza de vinagre blanco
- ¼ de taza de Harissa, o comprada en la tienda
- 1/8 cucharadita de sal
- Para el arroz
- 1 taza de aceite de oliva
- 2 cebollas, en rodajas finas
- 2 tazas de lentejas marrones secas
- 4 cuartos de galón más ½ taza de agua, cantidad dividida
- 2 tazas de arroz de grano corto
- 1 cucharadita de sal
- 1 libra de pasta de codo corto
- 1 lata (15 onzas) de garbanzos, escurridos y enjuagados

Direcciones:

Para hacer la salsa

En una cacerola, cuece el aceite de oliva. Sofreír el ajo. Agregue la salsa de tomate, el vinagre, la harissa y la sal. Deje hervir la salsa. Baje el fuego a bajo y cocine por 20 minutos o hasta que la salsa espese. Retirar y reservar.

Para hacer el arroz

Prepara el plato con toallas de papel y reserva. En una sartén grande a fuego medio, calienta el aceite de oliva. Saltee las cebollas, revuelva con frecuencia, hasta que estén crujientes y doradas. Transfiera las cebollas al plato preparado y reserve. Reserva 2 cucharadas de aceite de cocina. Reserva la sartén.

A fuego alto, combine las lentejas y 4 tazas de agua en una olla. Deje que hierva y cocine por 20 minutos. Colar y mezclar con las 2 cucharadas de aceite de cocina reservadas. Dejar de lado. Reserva la olla.

Coloca la sartén que usaste para freír las cebollas a fuego medio-alto y agrega el arroz, 4½ tazas de agua y sal. Llevar a hervir. Ponga el fuego a bajo y cocine por 20 minutos. Apagar y dejar reposar durante 10 minutos. Ponga a hervir las 8 tazas restantes de agua, con sal, a fuego alto en la misma olla que se usó para cocinar las lentejas. Coloque la pasta y cocine durante 6 minutos o según las instrucciones del paquete. Escurrir y reservar.

Armar

Vierta el arroz en una fuente para servir. Cúbralo con las lentejas, los garbanzos y la pasta. Rocíe con la salsa de tomate picante y espolvoree con las cebollas fritas crujientes.

Nutrición (por 100 g): 668 calorías 13 g de grasa 113 g de carbohidratos 18 g de proteína 481 mg de sodio

Bulgur con Tomate y Garbanzos

Tiempo de preparación: 10 minutos.

Hora de cocinar : 35 minutos

Porciones: 6

Nivel de dificultad: promedio

Ingredientes:

- ½ taza de aceite de oliva
- 1 cebolla picada
- 6 tomates, cortados en cubitos o 1 lata (de 16 onzas) de tomates cortados en cubitos
- 2 cucharadas de pasta de tomate
- 2 tazas de agua
- 1 cucharada de Harissa, o comprada en la tienda
- 1/8 cucharadita de sal
- 2 tazas de bulgur grueso
- 1 lata (15 onzas) de garbanzos, escurridos y enjuagados

Direcciones:

En una olla de fondo grueso a fuego medio, calienta el aceite de oliva. Sofreír la cebolla luego agregar los tomates con su jugo y cocinar por 5 minutos.

Agregue la pasta de tomate, el agua, la harissa y la sal. Llevar a hervir.

Agrega el bulgur y los garbanzos. Vuelva a hervir la mezcla. Disminuya el fuego a bajo y cocine por 15 minutos. Deje reposar durante 15 minutos antes de servir.

Nutrición (por 100 g): 413 calorías 19 g de grasa 55 g de carbohidratos 14 g de proteína 728 mg de sodio

Maccheroni de caballa

Tiempo de preparación: 10 minutos.

Hora de cocinar : 15 minutos

Porciones: 4

Nivel de dificultad: Fácil

Ingredientes:

- Maccheroni de 12 oz
- 1 diente de ajo
- 14 oz de salsa de tomate
- 1 ramita de perejil picado
- 2 chiles frescos
- 1 cucharadita de sal
- 200 g de caballa en aceite
- 3 cucharadas de aceite de oliva virgen extra

Direcciones:

Empiece poniendo el agua a hervir en una cacerola. Mientras se calienta el agua, coger una sartén, verter un poco de aceite y un poco de ajo y cocinar a fuego lento. Una vez que el ajo esté cocido, sácalo de la sartén.

Corta el ají, quita las semillas internas y córtalo en tiras finas.

Agrega el agua de cocción y el ají a la misma sartén que antes. Luego, tomar la caballa, y después de escurrir el aceite y separarlo con un tenedor, lo ponemos en la sartén con el resto de ingredientes. Saltee ligeramente agregando un poco de agua de cocción.

Cuando todos los ingredientes estén bien incorporados, agrega el puré de tomate en la sartén. Mezcle bien para unificar todos los ingredientes y cocine a fuego lento durante unos 3 minutos.

Pasemos a la pasta:

Después de que el agua comience a hervir, agregue la sal y la pasta. Escurre los maccheroni una vez que estén ligeramente al dente y agrégalos a la salsa que preparaste.

Sofría unos instantes en la salsa y después de degustar, sazone con sal y pimienta a su gusto.

Nutrición (por 100 g): 510 Calorías 15,4 g Grasas 70 g Carbohidratos 22,9 g Proteínas 730 mg Sodio

Maccheroni con tomates cherry y anchoas

Tiempo de preparación: 10 minutos.

Hora de cocinar : 15 minutos

Porciones: 4

Nivel de dificultad: Fácil

Ingredientes:

- Pasta Maccheroni de 14 oz
- 6 anchoas saladas
- 4 oz de tomates cherry
- 1 diente de ajo
- 3 cucharadas de aceite de oliva virgen extra
- Chiles frescos al gusto
- 3 hojas de albahaca
- Sal al gusto

Direcciones:

Comience calentando agua en una olla y agregue sal cuando esté hirviendo. Mientras tanto, preparar la salsa: Coger los tomates después de haberlos lavado y cortarlos en 4 trozos.

Ahora, coge una sartén antiadherente, espolvorea un poco de aceite y echa un diente de ajo. Una vez cocido, sácalo de la sartén. Agrega las anchoas limpias a la sartén, derritiéndolas en el aceite.

Cuando las anchoas estén bien disueltas, agregue los trozos de tomate cortados y suba el fuego a alto, hasta que comiencen a ablandarse (tenga cuidado de no dejar que se ablanden demasiado).

Agregue los chiles sin semillas, córtelos en trozos pequeños y sazone.

Transfiera la pasta en la olla con agua hirviendo, escurra al dente y déjela sofreír en la cacerola por unos momentos.

Nutrición (por 100 g): 476 Calorías 11 g Grasas 81,4 g Carbohidratos 12,9 g Proteínas 763 mg Sodio

Risotto de limón y camarones

Tiempo de preparación: 10 minutos.

Hora de cocinar : 30 minutos

Porciones: 4

Nivel de dificultad: Fácil

Ingredientes:

- 1 limón
- 14 oz de camarones sin cáscara
- 1 ¾ tazas de arroz risotto
- 1 cebolla blanca
- 33 fl. oz (1 litro) de caldo de verduras (incluso menos está bien)
- 2 ½ cucharadas de mantequilla
- ½ vaso de vino blanco
- Sal al gusto
- Pimienta negra al gusto
- Cebollino al gusto

Direcciones:

Empiece por hervir los camarones en agua con sal durante 3-4 minutos, escurra y reserve.

Pelar y picar finamente una cebolla, sofreírla con mantequilla derretida y una vez que la mantequilla se haya secado, tostar el arroz en la sartén durante unos minutos.

Desglasar el arroz con medio vaso de vino blanco, luego agregar el jugo de 1 limón. Revuelva y termine de cocinar el arroz agregando una cucharada de caldo de verduras según sea necesario.

Mezclar bien y unos minutos antes del final de la cocción, agregar los camarones previamente cocidos (dejando algunos de ellos a un lado para decorar) y un poco de pimienta negra.

Una vez que se apaga el fuego, agregue una nuez de mantequilla y revuelva. El risotto está listo para servir. Decora con los camarones restantes y espolvorea con unas cebolletas.

Nutrición (por 100 g): 510 Calorías 10 g Grasas 82,4 g Carbohidratos 20,6 g Proteínas 875 mg Sodio

Espaguetis con Almejas

Tiempo de preparación: 10 minutos.

Hora de cocinar : 40 minutos

Porciones: 4

Nivel de dificultad: Fácil

Ingredientes:

- 11.5 oz de espagueti
- 2 libras de almejas
- 7 oz de salsa de tomate, o pulpa de tomate, para la versión roja de este platillo
- 2 dientes de ajo
- 4 cucharadas de aceite de oliva virgen extra
- 1 vaso de vino blanco seco
- 1 cucharada de perejil finamente picado
- 1 ají

Direcciones:

Empiece por lavar las almejas: nunca "purgue" las almejas; solo deben abrirse mediante el uso de calor, de lo contrario, su precioso líquido interno se pierde junto con la arena. Lave las almejas rápidamente con un colador colocado en una ensaladera: esto filtrará la arena de las conchas.

Luego ponga inmediatamente las almejas escurridas en una cacerola con tapa a fuego alto. Darles la vuelta de vez en cuando, y cuando estén casi todos abiertos retirarlos del fuego. Las almejas que quedan cerradas están muertas y hay que eliminarlas. Retirar los moluscos de los abiertos, dejando algunos enteros para decorar los platos. Colar el líquido que queda en el fondo de la sartén y reservar.

Toma una sartén grande y vierte un poco de aceite en ella. Calentar un pimiento entero y uno o dos dientes de ajo machacados a fuego muy lento hasta que los dientes se pongan amarillentos. Agrega las almejas y sazona con vino blanco seco.

Ahora, añadir el líquido de almejas colado previamente y un poco de perejil picado finamente.

Colar y echar inmediatamente los espaguetis al dente en la sartén, después de haberlos cocido en abundante agua con sal. Remueve bien hasta que los espaguetis absorban todo el líquido de las almejas. Si no usó ají, complete con una pizca ligera de pimienta blanca o negra.

Nutrición (por 100 g): 167 Calorías 8 g Grasas 8,63 g Carbohidratos 5 g Proteínas 720 mg Sodio

Sopa de pescado griega

Tiempo de preparación: 10 minutos.

Hora de cocinar : 60 minutos

Porciones: 4

Nivel de dificultad: Fácil

Ingredientes:

- Merluza u otro pescado blanco
- 4 patatas
- 4 cebolletas
- 2 zanahorias
- 2 tallos de apio
- 2 tomates
- 4 cucharadas de aceite de oliva virgen extra
- 2 huevos
- 1 limón
- 1 taza de arroz
- Sal al gusto

Direcciones:

Elija un pez que no exceda las 2.2 libras de peso, quítele las escamas, branquias e intestinos y lávelo bien. Salar y reservar.

Lavar las patatas, zanahorias y cebollas y ponerlas en la cacerola enteras con suficiente agua para remojarlas y luego llevar a ebullición.

Agregue el apio aún atado en manojos para que no se disperse durante la cocción, corte los tomates en cuatro partes y agregue estos también, junto con el aceite y la sal.

Cuando las verduras estén casi cocidas, agregue más agua y el pescado. Hervir durante 20 minutos y luego retirarlo del caldo junto con las verduras.

Colocar el pescado en una fuente de servir adornando con las verduras y colar el caldo. Vuelve a poner el caldo al fuego, diluyéndolo con un poco de agua. Una vez que hierva, echa el arroz y sazona con sal. Una vez que el arroz esté cocido, retira la cacerola del fuego.

Prepara la salsa avgolemono:

Batir bien los huevos y agregar lentamente el jugo de limón. Ponga un poco de caldo en un cucharón y viértalo lentamente en los huevos, mezclando constantemente.

Finalmente, agregue la salsa obtenida a la sopa y mezcle bien.

Nutrición (por 100 g): 263 Calorías 17,1 g Grasas 18,6 g Carbohidratos 9 g Proteínas 823 mg Sodio

Arroz Venere con Camarones

Tiempo de preparación: 10 minutos.

Hora de cocinar : 55 minutos

Porciones: 3

Nivel de dificultad: Fácil

Ingredientes:

- 1 ½ tazas de arroz venere negro (mejor si está sancochado)
- 5 cucharaditas de aceite de oliva virgen extra
- 10,5 oz de camarones
- 10,5 oz de calabacín
- 1 limón (jugo y corteza)
- Sal de mesa al gusto
- Pimienta negra al gusto
- 1 diente de ajo
- Tabasco al gusto

Direcciones:

Empecemos por el arroz:

Después de llenar una olla con abundante agua y llevarla a ebullición, vierta el arroz, agregue sal y cocine por el tiempo necesario (consulte las instrucciones de cocción del paquete).

Mientras tanto, ralla los calabacines con un rallador de agujeros grandes. En una sartén calentar el aceite de oliva con el diente de ajo pelado, agregar el calabacín rallado, sal y pimienta, y cocinar por 5 minutos, quitar el diente de ajo y reservar las verduras.

Ahora limpia los camarones:

Quitar la cáscara, cortar la cola, dividirlos por la mitad a lo largo y quitar el intestino (el hilo oscuro en su espalda). Coloque los camarones limpios en un bol y sazone con aceite de oliva; dale un sabor extra agregando ralladura de limón, sal y pimienta y agregando unas gotas de Tabasco si así lo deseas.

Calentar los camarones en una sartén caliente durante un par de minutos. Una vez cocido, reservar.

Una vez que esté listo el arroz Venere, cuele en un bol, agregue la mezcla de calabacín y revuelva.

Nutrición (por 100 g): 293 Calorías 5 g Grasas 52 g Carbohidratos 10 g Proteínas 655 mg Sodio

Pennette con salmón y vodka

Tiempo de preparación: 10 minutos.

Hora de cocinar : 18 minutos

Porciones: 4

Nivel de dificultad: Fácil

Ingredientes:

- Pennette Rigate de 14 oz
- 200 g de salmón ahumado
- 1,2 oz de chalota
- 1,35 fl. oz (40 ml) de vodka
- 5 oz de tomates cherry
- 7 oz de crema líquida fresca (recomiendo la de verduras para un plato más ligero)
- Cebollino al gusto
- 3 cucharadas de aceite de oliva virgen extra
- Sal al gusto
- Pimienta negra al gusto
- Albahaca al gusto (para decorar)

Direcciones:

Lavar y cortar los tomates y las cebolletas. Después de haber pelado la chalota, la picamos con un cuchillo, la ponemos en un cazo y la dejamos macerar en aceite de oliva virgen extra unos instantes.

Mientras tanto, cortar el salmón en tiras y sofreírlo junto con el aceite y la chalota.

Licúa todo con el vodka, con cuidado, ya que podría haber una llamarada (si una llama sube, no te preocupes, bajará en cuanto el alcohol se haya evaporado por completo). Agrega los tomates picados y agrega una pizca de sal y, si quieres, un poco de pimienta. Por último, añadir la nata y el cebollino picado.

Mientras la salsa se sigue cocinando, prepara la pasta. Una vez que el agua hierva, vierte las Pennette y déjalas cocer hasta que estén al dente.

Cuela la pasta y vierte la pennette en la salsa, dejándola cocer unos instantes para que absorba todo el sabor. Si lo desea, decore con una hoja de albahaca.

Nutrición (por 100 g): 620 Calorías 21,9 g Grasas 81,7 g Carbohidratos 24 g Proteínas 326 mg Sodio

Carbonara de mariscos

Tiempo de preparación: 15 minutos.

Hora de cocinar : 50 minutos

Porciones: 3

Nivel de dificultad: Fácil

Ingredientes:

- 11.5 oz de espagueti
- 3,5 oz de atún
- 3,5 oz de pez espada
- 3.5 oz de salmón
- 6 yemas
- 4 cucharadas de queso parmesano (Parmigiano Reggiano)
- 2 fl. oz (60 ml) de vino blanco
- 1 diente de ajo
- Aceite de oliva virgen extra al gusto
- Sal de mesa al gusto
- Pimienta negra al gusto

Direcciones:

Prepare un agua hirviendo en una olla y agregue un poco de sal.

Mientras tanto, vierte 6 yemas de huevo en un bol y agrega el parmesano rallado, la pimienta y la sal. Batir con un batidor y diluir con un poco de agua de cocción de la olla.

Retire las espinas del salmón, las escamas del pez espada y proceda cortando en cubitos el atún, el salmón y el pez espada.

Una vez que hierva, agregue la pasta y cocine un poco al dente.

Mientras tanto, calentar un poco de aceite en una sartén grande, agregar todo el diente de ajo pelado. Una vez que el aceite esté caliente, agregue los cubos de pescado y saltee a fuego alto durante aproximadamente 1 minuto. Retire el ajo y agregue el vino blanco.

Una vez que el alcohol se evapore, saca los dados de pescado y baja el fuego. Tan pronto como los espaguetis estén listos, añádalos a la sartén y saltee durante aproximadamente un minuto, revolviendo constantemente y agregando el agua de cocción, según sea necesario.

Vierta la mezcla de yema de huevo y los dados de pescado. Mezclar bien. Atender.

Nutrición (por 100 g): 375 Calorías 17 g Grasas 41,40 g Carbohidratos 14 g Proteínas 755 mg Sodio

Garganelli con Pesto de Calabacín y Camarones

Tiempo de preparación: 10 minutos.

Hora de cocinar : 30 minutos

Porciones: 4

Nivel de dificultad: promedio

Ingredientes:

- 14 oz de garganelli a base de huevo
- Para el pesto de calabacín:
- 7 oz de calabacín
- 1 taza de piñones
- 8 cucharadas (0,35 oz) de albahaca
- 1 cucharadita de sal de mesa
- 9 cucharadas de aceite de oliva virgen extra
- 2 cucharadas de queso parmesano para rallar
- 1 oz de Pecorino para rallar
- Para los camarones salteados:
- 8,8 oz de camarones
- 1 diente de ajo
- 7 cucharaditas de aceite de oliva virgen extra
- Pizca de sal

Direcciones:

Empiece por preparar el pesto:

Después de lavar los calabacines, rallarlos, colocarlos en un colador (para que pierdan el exceso de líquido) y salarlos ligeramente. Pon los piñones, el calabacín y las hojas de albahaca en la licuadora. Agrega el parmesano rallado, el pecorino y el aceite de oliva virgen extra.

Licúa todo hasta que la mezcla esté cremosa, agrega una pizca de sal y reserva.

Cambie a los camarones:

En primer lugar, saque el intestino cortando el lomo del camarón con un cuchillo en toda su longitud y, con la punta del cuchillo, retire el hilo negro del interior.

Cuece el diente de ajo en una sartén antiadherente con aceite de oliva virgen extra. Cuando esté dorado, retire el ajo y agregue los camarones. Saltea durante unos 5 minutos a fuego medio, hasta que veas que se forma una costra crujiente en el exterior.

Luego, hierve una olla con agua con sal y cocina el Garganelli. Aparte un par de cucharadas de agua de cocción y escurra la pasta al dente.

Pon los Garganelli en la sartén donde cocinaste los camarones. Cocine juntos por un minuto, agregue una cucharada de agua de cocción y finalmente, agregue el pesto de calabacín.

Mezclar todo bien para combinar la pasta con la salsa.

Nutrición (por 100 g): 776 Calorías 46 g Grasas 68 g Carbohidratos 22,5 g Proteínas 835 mg Sodio

Risotto de salmón

Tiempo de preparación: 10 minutos.

Hora de cocinar : 30 minutos

Porciones: 4

Nivel de dificultad: promedio

Ingredientes:

- 1 ¾ taza (12,3 oz) de arroz
- 8.8 oz de filetes de salmón
- 1 puerro
- Aceite de oliva virgen extra al gusto
- 1 diente de ajo
- ½ vaso de vino blanco
- 3 ½ cucharadas de Grana Padano rallado
- sal al gusto
- Pimienta negra al gusto
- 17 fl. oz (500 ml) de caldo de pescado
- 1 taza de mantequilla

Direcciones:

Empiece por limpiar el salmón y cortarlo en trozos pequeños. Cocine 1 cucharada de aceite en una sartén con un diente de ajo entero y dore el salmón por 2/3 minutos, agregue sal y reserve el salmón, quitando el ajo.

Ahora, empieza a preparar el risotto:

Cortar el puerro en trozos muy pequeños y dejar cocer a fuego lento en una sartén a fuego lento con dos cucharadas de aceite. Agregue el arroz y cocine por unos segundos a fuego medio-alto, revolviendo con una cuchara de madera.

Incorporamos el vino blanco y seguimos cocinando, removiendo de vez en cuando, procurando que el arroz no se pegue a la sartén, y añadimos el caldo (de verduras o pescado) poco a poco.

A la mitad de la cocción, agregue el salmón, la mantequilla y una pizca de sal si es necesario. Cuando el arroz esté bien cocido, retirar del fuego. Combinar con un par de cucharadas de Grana Padano rallado y servir.

Nutrición (por 100 g): 521 Calorías 13 g Grasas 82 g Carbohidratos 19 g Proteínas 839 mg Sodio

Pasta con Tomates Cherry y Anchoas

Tiempo de preparación: 15 minutos.

Hora de cocinar : 35 minutos

Porciones: 4

Nivel de dificultad: Fácil

Ingredientes:

- 10.5 oz de espagueti
- Tomates Cherry de 1.3 libras
- 9 oz de anchoas (previamente limpiadas)
- 2 cucharadas de alcaparras
- 1 diente de ajo
- 1 cebolla morada pequeña
- Perejil al gusto
- Aceite de oliva virgen extra al gusto
- Sal de mesa al gusto
- Pimienta negra al gusto
- Aceitunas negras al gusto

Direcciones:

Cortar el diente de ajo, obteniendo rodajas finas.

Cortar los tomates cherry en 2. Pelar la cebolla y cortarla en rodajas finas.

Poner un poco de aceite con el ajo y la cebolla en rodajas en un cazo. Calienta todo a fuego medio durante 5 minutos; revuelva de vez en cuando.

Una vez que todo esté bien aromatizado, añadir los tomates cherry y una pizca de sal y pimienta. Cocine por 15 minutos. Mientras tanto, coloque una olla con agua en el fuego y en cuanto hierva, agregue la sal y la pasta.

Una vez que la salsa esté casi lista, agregue las anchoas y cocine por un par de minutos. Revuelva suavemente.

Apaga el fuego, pica el perejil y colócalo en la sartén.

Cuando esté cocido, cuele la pasta y agregue directamente a la salsa. Vuelva a encender el fuego durante unos segundos.

Nutrición (por 100 g): 446 Calorías 10 g Grasas 66,1 g Carbohidratos 22,8 g Proteínas 934 mg Sodio

Orecchiette de brócoli y salchicha

Tiempo de preparación: 10 minutos.

Hora de cocinar : 32 minutos

Porciones: 4

Nivel de dificultad: promedio

Ingredientes:

- 11,5 oz de Orecchiette
- 10.5 Brócoli
- Salchicha de 10.5 oz
- 1,35 fl. oz (40 ml) de vino blanco
- 1 diente de ajo
- 2 ramitas de tomillo
- 7 cucharaditas de aceite de oliva virgen extra
- Pimienta negra al gusto
- Sal de mesa al gusto

Direcciones:

Hervir la olla llena de agua y sal. Retire los floretes de brócoli del tallo y córtelos por la mitad o 4 partes si son demasiado grandes; luego, póngalos en el agua hirviendo y tape la olla y cocine por 6-7 minutos.

Mientras tanto, pique finamente el tomillo y reserve. Sacar la tripa de la salchicha y con ayuda de un tenedor triturarla suavemente.

Sofreír el diente de ajo con un poco de aceite de oliva y añadir la salchicha. Después de unos segundos, agregue el tomillo y un poco de vino blanco.

Sin tirar el agua de cocción, retira los brócoli cocidos con ayuda de una espumadera y añádelos a la carne poco a poco. Cocine todo durante 3-4 minutos. Retire el ajo y agregue una pizca de pimienta negra.

Deja que el agua donde cocinaste el brócoli hierva, luego agrega la pasta y deja que se cocine. Una vez cocida la pasta, cuélala con una espumadera, transfiriéndola directamente a la salsa de brócoli y salchicha. Luego, mezcla bien, agrega pimienta negra y sofríe todo en la sartén por un par de minutos.

Nutrición (por 100 g): 683 Calorías 36 g Grasas 69,6 g Carbohidratos 20 g Proteínas 733 mg Sodio

Risotto de Radicchio y Tocino Ahumado

Tiempo de preparación: 10 minutos.

Hora de cocinar : 30 minutos

Porciones: 3

Nivel de dificultad: promedio

Ingredientes:

- 1 ½ taza de arroz
- Radicchio de 14 oz
- 5.3 oz de tocino ahumado
- 34 fl. oz (1 l) de caldo de verduras
- 3.4 fl. oz (100 ml) de vino tinto
- 7 cucharaditas de aceite de oliva virgen extra
- Chalotas de 1,7 oz
- Sal de mesa al gusto
- Pimienta negra al gusto
- 3 ramitas de tomillo

Direcciones:

Comencemos con la preparación del caldo de verduras.

Empiece por la achicoria: córtela por la mitad y retire la parte central (la parte blanca). Córtelo en tiras, enjuague bien y déjelo a un lado. Corta también el tocino ahumado en tiras pequeñas.

Picar finamente la chalota y colocarla en una sartén con un poco de aceite. Deja que hierva a fuego medio, agregando un cazo de caldo, luego agrega el tocino y deja que se dore.

Después de unos 2 minutos, agregue el arroz y tueste, revolviendo con frecuencia. En este punto, vierta el vino tinto a fuego alto.

Una vez que se haya evaporado todo el alcohol, continúe cocinando agregando un cazo de caldo a la vez. Deje secar el anterior antes de agregar otro, hasta que esté completamente cocido. Agrega sal y pimienta negra (depende de la cantidad que decidas agregar).

Al final de la cocción, agregue las tiras de achicoria. Mézclalos bien hasta que se mezclen con el arroz, pero sin cocinarlos. Agrega el tomillo picado.

Nutrición (por 100 g): 482 Calorías 17,5 g Grasas 68,1 g Carbohidratos 13 g Proteínas 725 mg Sodio

Pasta alla Genovese

Tiempo de preparación: 10 minutos.

Hora de cocinar : 25 minutos

Porciones: 3

Nivel de dificultad: promedio

Ingredientes:

- 11,5 oz de Ziti
- 1 libra de carne de res
- 2.2 libras de cebollas doradas
- 2 oz de apio
- 2 oz de zanahorias
- 1 manojo de perejil
- 3.4 fl. oz (100 ml) de vino blanco
- Aceite de oliva virgen extra al gusto
- Sal de mesa al gusto
- Pimienta negra al gusto
- Parmesano al gusto

Direcciones:

Para preparar la pasta empieza por:

Pelar y picar finamente las cebollas y las zanahorias. A continuación, lavar y picar finamente el apio (no tirar las hojas, que también hay que picarlas y reservarlas). A continuación, cambie a la carne, límpiela del exceso de grasa y córtela en 5/6 trozos grandes. Finalmente, ate las hojas de apio y la ramita de perejil con hilo de cocina para crear un ramillete fragante.

Llene abundante aceite en una sartén grande. Agrega la cebolla, el apio y la zanahoria (que previamente habías reservado) y déjalas cocer un par de minutos.

Luego, agregue los trozos de carne, una pizca de sal y el manojo fragante. Revuelva y cocine por unos minutos. A continuación, baje el fuego y cubra con una tapa.

Cocine por al menos 3 horas (no agregue agua ni caldo porque las cebollas soltarán todo el líquido necesario para evitar que se seque el fondo de la sartén). De vez en cuando, revise todo y revuelva.

Después de 3 horas de cocción, retire el manojo de hierbas, aumente un poco el fuego, agregue una parte del vino y revuelva.

Cocine la carne sin tapa durante aproximadamente una hora, revolviendo con frecuencia y agregando el vino cuando se seque el fondo de la sartén.

En este punto, coge un trozo de carne, córtalo en rodajas sobre una tabla de cortar y reserva. Pica el ziti y cocínalo en agua hirviendo con sal.

Una vez cocido, escúrrelo y colócalo de nuevo en la olla. Rocíe unas cucharadas de agua de cocción y revuelva. Colocar en un plato y agregar un poco de salsa y carne desmenuzada (la que reservamos en el paso 7). Agregue pimienta y parmesano rallado al gusto.

Nutrición (por 100 g): 450 Calorías 8 g Grasas 80 g Carbohidratos 14,5 g Proteínas 816 mg Sodio

Pasta de coliflor de Nápoles

Tiempo de preparación: 15 minutos.

Hora de cocinar : 35 minutos

Porciones: 3

Nivel de dificultad: promedio

Ingredientes:

- 10.5 oz de pasta
- 1 coliflor
- 3.4 fl. oz (100 ml) de puré de tomate
- 1 diente de ajo
- 1 ají
- 3 cucharadas de aceite de oliva extra virgen (o cucharaditas)
- Sal al gusto
- Pimienta al gusto

Direcciones:

Limpiar bien la coliflor: quitar las hojas exteriores y el tallo. Córtalo en floretes pequeños.

Pelar el diente de ajo, picarlo y dorarlo en una cacerola con el aceite y la guindilla.

Agrega el puré de tomate y los floretes de coliflor y déjalos dorar por unos minutos a fuego medio, luego cubre con unos cucharones de agua y cocina por 15-20 minutos o al menos hasta que la coliflor comience a ponerse cremosa.

Si ve que el fondo de la sartén está demasiado seco, agregue tanta agua como sea necesario para que la mezcla permanezca líquida.

En este punto, cubra la coliflor con agua caliente y, una vez que hierva, agregue la pasta.

Condimentar con sal y pimienta.

Nutrición (por 100 g): 458 Calorías 18 g Grasas 65 g Carbohidratos 9 g Proteínas 746 mg Sodio

Pasta e Fagioli con Naranja e Hinojo

Tiempo de preparación: 10 minutos.

Hora de cocinar : 30 minutos

Porciones: 5

Nivel de dificultad: Dificultad

Ingredientes:

- Aceite de oliva extra virgen - 1 cucharada. más extra para servir
- Pancetta - 2 onzas, finamente picada
- Cebolla - 1, picada fina
- Hinojo - 1 bulbo, tallos descartados, bulbo partido a la mitad, sin corazón y picado fino
- Apio - 1 costilla, picado
- Ajo - 2 dientes, picados
- Filetes de anchoa - 3, enjuagados y picados
- Orégano fresco picado - 1 cucharada.
- Cáscara de naranja rallada - 2 cucharaditas.
- Semillas de hinojo - ½ cucharadita.
- Hojuelas de pimiento rojo - ¼ de cucharadita.
- Tomates cortados en cubitos - 1 lata (28 onzas)
- Queso parmesano: 1 cáscara y más para servir
- Frijoles Cannellini - 1 lata (7 onzas), enjuagada
- Caldo de pollo - 2 ½ tazas
- Agua - 2 ½ tazas
- Sal y pimienta

- Orzo - 1 taza
- Perejil fresco picado - ¼ taza

Direcciones:

Caliente el aceite en un horno holandés a fuego medio. Agrega panceta. Sofría de 3 a 5 minutos o hasta que empiece a dorarse. Agregue el apio, el hinojo y la cebolla y saltee hasta que se ablanden (aproximadamente de 5 a 7 minutos).

Agregue las hojuelas de pimienta, las semillas de hinojo, la ralladura de naranja, el orégano, las anchoas y el ajo. Cocine por 1 minuto. Agregue los tomates y su jugo. Agregue la cáscara de parmesano y los frijoles.

Cocine a fuego lento y cocine por 10 minutos. Agregue el agua, el caldo y 1 cucharadita. sal. Déjelo hervir a fuego alto. Agregue la pasta y cocine hasta que esté al dente.

Retirar del fuego y desechar la cáscara de parmesano.

Agregue el perejil y sazone con sal y pimienta al gusto. Vierta un poco de aceite de oliva y cubra con parmesano rallado. Atender.

Nutrición (por 100 g): 502 Calorías 8.8 g Grasas 72.2 g Carbohidratos 34.9 g Proteínas 693 mg Sodio

Espaguetis al Limone

Tiempo de preparación: 10 minutos.

Hora de cocinar : 15 minutos

Porciones: 6

Nivel de dificultad: Fácil

Ingredientes:

- Aceite de oliva extra virgen - ½ taza
- Cáscara de limón rallada - 2 cucharaditas.
- Jugo de limón - 1/3 taza
- Ajo - 1 diente, picado para patear
- Sal y pimienta
- Queso parmesano - 2 onzas, rallado
- Espaguetis - 1 libra
- Albahaca fresca rallada - 6 cucharadas.

Direcciones:

En un tazón, bata el ajo, el aceite, la ralladura de limón, el jugo, ½ cucharadita. sal y ¼ de cucharadita. pimienta. Agregue el parmesano y mezcle hasta que esté cremoso.

Mientras tanto, cocine la pasta de acuerdo con las instrucciones del paquete. Escurre y reserva ½ taza de agua de cocción. Agregue la mezcla de aceite y la albahaca a la pasta y revuelva para combinar. Sazone bien y agregue el agua de cocción según sea necesario. Atender.

Nutrición (por 100 g): 398 Calorías 20,7 g Grasas 42,5 g Carbohidratos 11,9 g Proteínas 844 mg Sodio

Cuscús De Verduras Con Especias

Tiempo de preparación: 10 minutos.

Hora de cocinar : 20 minutos

Porciones: 6

Nivel de dificultad: Difícil

Ingredientes:

- Coliflor - 1 cabeza, cortada en floretes de 1 pulgada
- Aceite de oliva extra virgen - 6 cucharadas. más extra para servir
- Sal y pimienta
- Cuscús - 1 ½ tazas
- Calabacín - 1, cortado en trozos de ½ pulgada
- Pimiento rojo - 1, sin tallo, sin semillas y cortado en trozos de ½ pulgada
- Ajo - 4 dientes, picados
- Ras el hanout - 2 cucharaditas
- Ralladura de limón -1 cdta. más rodajas de limón para servir
- Caldo de pollo - 1 ¾ tazas
- Mejorana fresca picada - 1 cucharada.

Direcciones:

En una sartén, caliente 2 cucharadas. aceite a fuego medio. Agregue las coliflores, ¾ cucharadita. sal y ½ cucharadita. pimienta. Mezcla. Cocine hasta que los floretes se pongan marrones y los bordes estén translúcidos.

Retire la tapa y cocine, revolviendo durante 10 minutos, o hasta que los floretes se doren. Transfiera a un tazón y limpie la sartén. Calentar 2 cucharadas. aceite en la sartén.

Agrega el cuscús. Cocine y continúe revolviendo durante 3 a 5 minutos, o hasta que los granos comiencen a dorarse. Transfiera a un tazón y limpie la sartén. Caliente las 3 cucharadas restantes. aceite en la sartén y agregue el pimiento morrón, el calabacín y ½ cucharadita. sal. Cocine por 8 minutos.

Agregue la ralladura de limón, el ras el hanout y el ajo. Cocine hasta que esté fragante (unos 30 segundos). Coloque en el caldo y cocine a fuego lento. Agrega el cuscús. Retirar del fuego y reservar hasta que estén tiernos.

Agrega la mejorana y la coliflor; luego esponje suavemente con un tenedor para incorporar. Rocíe con aceite extra y sazone bien. Sirve con rodajas de limón.

Nutrición (por 100 g): 787 Calorías 18,3 g Grasas 129,6 g Carbohidratos 24,5 g Proteínas 699 mg Sodio

Arroz al Horno Especiado con Hinojo

Tiempo de preparación: 10 minutos.

Hora de cocinar : 45 minutos

Porciones: 8

Nivel de dificultad: promedio

Ingredientes:

- Batatas - 1 ½ libras, peladas y cortadas en trozos de 1 pulgada
- Aceite de oliva extra virgen - ¼ de taza
- Sal y pimienta
- Hinojo - 1 bulbo, finamente picado
- Cebolla pequeña - 1, picada fina
- Arroz blanco de grano largo - 1 ½ tazas, enjuagado
- Ajo - 4 dientes, picados
- Ras el hanout - 2 cucharaditas
- Caldo de pollo - 2 ¾ tazas
- Aceitunas verdes curadas en salmuera grandes sin hueso - ¾ taza, cortadas por la mitad
- Cilantro fresco picado - 2 cucharadas.
- Rodajas de limón

Direcciones:

Coloque la rejilla del horno en el medio y precaliente el horno a 400F. Mezcle las papas con ½ cucharadita. sal y 2 cucharadas. petróleo.

Coloque las papas en una sola capa en una bandeja para hornear con borde y ase durante 25 a 30 minutos, o hasta que estén tiernas. Revuelva las papas a la mitad del asado.

Saque las papas y baje la temperatura del horno a 350F. En un horno holandés, caliente las 2 cucharadas restantes. aceite a fuego medio.

Agrega la cebolla y el hinojo; a continuación, cocine de 5 a 7 minutos o hasta que se ablanden. Agregue el ras el hanout, el ajo y el arroz. Sofreír durante 3 minutos.

Agregue las aceitunas y el caldo y deje reposar durante 10 minutos. Agregue las papas al arroz y revuelva suavemente con un tenedor para combinar. Sazone con sal y pimienta al gusto. Adorne con cilantro y sirva con rodajas de lima.

Nutrición (por 100 g): 207 Calorías 8,9 g Grasas 29,4 g Carbohidratos 3,9 g Proteínas 711 mg Sodio

Cuscús al estilo marroquí con garbanzos

Tiempo de preparación: 5 minutos.

Hora de cocinar : 18 minutos

Porciones: 6

Nivel de dificultad: promedio

Ingredientes:

- Aceite de oliva extra virgen - ¼ de taza, extra para servir
- Cuscús - 1 ½ tazas
- Zanahorias finas peladas y picadas - 2
- Cebolla fina picada - 1
- Sal y pimienta
- Ajo - 3 dientes, picados
- Cilantro molido - 1 cucharadita.
- Jengibre molido - cucharadita.
- Semilla de anís molida - ¼ de cucharadita.
- Caldo de pollo - 1 ¾ tazas
- Garbanzos - 1 lata (de 15 onzas), enjuagada
- Guisantes congelados - 1 ½ tazas
- Perejil o cilantro fresco picado - ½ taza
- Rodajas de limón

Direcciones:

Calentar 2 cucharadas. aceite en una sartén a fuego medio. Mezcle el cuscús y cocine de 3 a 5 minutos, o hasta que comience a dorarse. Transfiera a un tazón y limpie la sartén.

Caliente las 2 cucharadas restantes. aceite en la sartén y agregue la cebolla, las zanahorias y 1 cucharadita. sal. Cocine de 5 a 7 minutos. Agregue el anís, el jengibre, el cilantro y el ajo. Cocine hasta que esté fragante (unos 30 segundos).

Combinar los garbanzos y el caldo y dejar hervir a fuego lento. Agregue el cuscús y los guisantes. Tapar y retirar del fuego. Reserva hasta que el cuscús esté tierno.

Agrega el perejil al cuscús y pelusa con un tenedor para combinar. Rocíe con aceite extra y sazone bien. Sirve con rodajas de limón.

Nutrición (por 100 g): 649 Calorías 14,2 g Grasas 102,8 g Carbohidratos 30,1 g Proteínas 812 mg Sodio

Paella Vegetariana con Judías Verdes y Garbanzos

Tiempo de preparación: 10 minutos.

Hora de cocinar : 35 minutos

Porciones: 4

Nivel de dificultad: Fácil

Ingredientes:

- Pizca de azafrán
- Caldo de verduras - 3 tazas
- Aceite de oliva - 1 cucharada.
- Cebolla amarilla - 1 grande, cortada en cubitos
- Ajo - 4 dientes, en rodajas
- Pimiento rojo - 1, cortado en cubitos
- Tomates triturados - ¾ taza, frescos o enlatados
- Pasta de tomate - 2 cucharadas.
- Pimentón picante - 1 ½ cucharadita.
- Sal - 1 cucharadita.
- Pimienta negra recién molida - ½ cucharadita.
- Judías verdes - 1 ½ tazas, cortadas y cortadas por la mitad
- Garbanzos - 1 lata (15 onzas), escurrida y enjuagada
- Arroz blanco de grano corto - 1 taza
- Limón - 1, cortado en gajos

Direcciones:

Mezclar las hebras de azafrán con 3 cucharadas. agua tibia en un tazón pequeño. En una cacerola, cocine a fuego lento el agua a fuego medio. Reducir el fuego y dejar hervir a fuego lento.

Cocina el aceite en una sartén a fuego medio. Incorpora la cebolla y sofríe durante 5 minutos. Agrega el pimiento morrón y el ajo y sofríe durante 7 minutos o hasta que el pimiento se ablande. Agregue la mezcla de azafrán y agua, sal, pimienta, pimentón, pasta de tomate y tomates.

Agrega el arroz, los garbanzos y las judías verdes. Agregue el caldo tibio y deje hervir. Baje el fuego y cocine a fuego lento sin tapar durante 20 minutos.

Sirva caliente, adornado con rodajas de limón.

Nutrición (por 100 g): 709 Calorías 12 g Grasas 121 g Carbohidratos 33 g Proteínas 633 mg Sodio

Langostinos al Ajillo con Tomate y Albahaca

Tiempo de preparación: 10 minutos.

Hora de cocinar : 10 minutos

Porciones: 4

Nivel de dificultad: Fácil

Ingredientes:

- Aceite de oliva - 2 cucharadas.
- Langostinos - 1 ¼ libras, pelados y desvenados
- Ajo - 3 dientes, picados
- Hojuelas de pimiento rojo triturado - 1/8 cucharadita.
- Vino blanco seco - ¾ taza
- Tomates uva - 1 ½ tazas
- Albahaca fresca finamente picada - ¼ de taza, y más para decorar
- Sal - ¾ cucharadita
- Pimienta negra molida - ½ cucharadita.

Direcciones:

En una sartén, calienta el aceite a fuego medio-alto. Agregue las gambas y cocine por 1 minuto, o hasta que estén bien cocidas. Transfiera a un plato.

Coloque las hojuelas de pimiento rojo y el ajo en el aceite en la sartén y cocine, revolviendo, durante 30 segundos. Agregue el vino y cocine hasta que se reduzca aproximadamente a la mitad.

Agregue los tomates y saltee hasta que los tomates comiencen a romperse (aproximadamente de 3 a 4 minutos). Agregue los camarones reservados, la sal, la pimienta y la albahaca. Cocine de 1 a 2 minutos más.

Sirve adornado con la albahaca restante.

Nutrición (por 100 g): 282 Calorías 10 g Grasas 7 g Carbohidratos 33 g Proteínas 593 mg Sodio

Paella de camarones

Tiempo de preparación: 10 minutos.

Hora de cocinar : 25 minutos

Porciones: 4

Nivel de dificultad: promedio

Ingredientes:

- Aceite de oliva - 2 cucharadas.
- Cebolla mediana - 1, cortada en cubitos
- Pimiento rojo - 1, cortado en cubitos
- Ajo - 3 dientes, picados
- Pizca de azafrán
- Pimentón picante - ¼ de cucharadita.
- Sal - 1 cucharadita.
- Pimienta negra recién molida - ½ cucharadita.
- Caldo de pollo - 3 tazas, divididas
- Arroz blanco de grano corto - 1 taza
- Camarones grandes pelados y desvenados - 1 libra
- Guisantes congelados - 1 taza, descongelados

Direcciones:

Caliente el aceite de oliva en una sartén. Agrega la cebolla y el pimiento y sofríe durante 6 minutos o hasta que se ablanden. Agrega la sal, la pimienta, el pimentón, el azafrán y el ajo y mezcla. Agregue 2 ½ tazas de caldo y arroz.

Deje que la mezcla hierva, luego cocine a fuego lento hasta que el arroz esté cocido, aproximadamente 12 minutos. Coloque los camarones y los guisantes sobre el arroz y agregue la ½ taza de caldo restante.

Vuelva a colocar la tapa en la sartén y cocine hasta que todos los camarones estén bien cocidos (aproximadamente 5 minutos). Atender.

Nutrición (por 100 g): 409 Calorías 10 g Grasas 51 g Carbohidratos 25 g Proteínas 693 mg Sodio

Ensalada de Lentejas con Aceitunas, Menta y Feta

Tiempo de preparación: 60 minutos.

Hora de cocinar : 60 minutos

Porciones: 6

Nivel de dificultad: promedio

Ingredientes:

- Sal y pimienta
- Lentejas francesas - 1 taza, recogidas y enjuagadas
- Ajo - 5 dientes, ligeramente triturados y pelados
- Hoja de laurel - 1
- Aceite de oliva extra virgen - 5 cucharadas.
- Vinagre de vino blanco - 3 cucharadas.
- Aceitunas Kalamata sin hueso - ½ taza, picadas
- Menta fresca picada - ½ taza
- Chalota - 1 grande, picada
- Queso feta - 1 onza, desmenuzado

Direcciones:

Agregue 4 tazas de agua tibia y 1 cucharadita. sal en un bol. Agrega las lentejas y déjalas en remojo a temperatura ambiente durante 1 hora. Escurrir bien.

Coloque la rejilla del horno en el medio y caliente el horno a 325F. Combine las lentejas, 4 tazas de agua, el ajo, la hoja de laurel y ½ cucharadita. sal en una cacerola. Tape y coloque la cacerola en el horno y cocine de 40 a 60 minutos, o hasta que las lentejas estén tiernas.

Escurrimos bien las lentejas, desechando el ajo y el laurel. En un tazón grande, batir el aceite y el vinagre. Agregue la chalota, la menta, las aceitunas y las lentejas y mezcle para combinar.

Sazone con sal y pimienta al gusto. Coloque bien en el plato para servir y decore con queso feta. Atender.

Nutrición (por 100 g): 249 Calorías 14,3 g Grasas 22,1 g Carbohidratos 9,5 g Proteínas 885 mg Sodio

Garbanzos con Ajo y Perejil

Tiempo de preparación: 5 minutos.

Hora de cocinar : 20 minutos

Porciones: 6

Nivel de dificultad: promedio

Ingredientes:

- Aceite de oliva extra virgen - ¼ de taza
- Ajo - 4 dientes, en rodajas finas
- Hojuelas de pimiento rojo - 1/8 cucharadita.
- Cebolla - 1, picada
- Sal y pimienta
- Garbanzos - 2 latas (de 15 onzas), enjuagadas
- Caldo de pollo - 1 taza
- Perejil fresco picado - 2 cucharadas.
- Jugo de limón - 2 cucharaditas

Direcciones:

En una sartén, agregue 3 cucharadas. aceite y cocine el ajo y las hojuelas de pimienta durante 3 minutos. Agregue la cebolla y ¼ de cucharadita. sal y cocine de 5 a 7 minutos.

Mezcle los garbanzos y el caldo y cocine a fuego lento. Baje el fuego y cocine a fuego lento durante 7 minutos, tapado.

Destape y ajuste el fuego a alto y cocine por 3 minutos, o hasta que todo el líquido se haya evaporado. Reservar y mezclar con el jugo de limón y el perejil.

Sazone con sal y pimienta al gusto. Rocíe con 1 cucharada. aceite y sirva.

Nutrición (por 100 g): 611 Calorías 17,6 g Grasas 89,5 g Carbohidratos 28,7 g Proteínas 789 mg Sodio

Garbanzos Guisados con Berenjena y Tomate

Tiempo de preparación: 10 minutos.

Hora de cocinar : 60 minutos

Porciones: 6

Nivel de dificultad: Fácil

Ingredientes:

- Aceite de oliva extra virgen - ¼ de taza
- Cebollas - 2, picadas
- Pimiento verde - 1, picado fino
- Sal y pimienta
- Ajo - 3 dientes, picados
- Orégano fresco picado - 1 cucharada.
- Hojas de laurel - 2
- Berenjena - 1 libra, cortada en trozos de 1 pulgada
- Tomates enteros pelados - 1 lata, escurridos con el jugo reservado, picados
- Garbanzos - 2 latas (de 15 onzas), escurridas con 1 taza de líquido reservado

Direcciones:

Coloque la rejilla del horno en la parte inferior media y caliente el horno a 400F. Caliente el aceite en el horno holandés. Agregue el pimiento morrón, la cebolla, ½ cucharadita. sal y ¼ de cucharadita. pimienta. Sofreír durante 5 minutos.

Agregue 1 cucharadita. orégano, ajo y hojas de laurel y cocine por 30 segundos. Agregue los tomates, la berenjena, el jugo reservado, los garbanzos y el líquido reservado y deje hervir. Transfiera la olla al horno y cocine, sin tapar, de 45 a 60 minutos. Revolviendo dos veces.

Desecha las hojas de laurel. Agregue las 2 cucharaditas restantes. orégano y sazone con sal y pimienta. Atender.

Nutrición (por 100 g): 642 Calorías 17,3 g Grasas 93,8 g Carbohidratos 29,3 g Proteínas 983 mg Sodio

Arroz griego con limón

Tiempo de preparación: 20 minutos.

Hora de cocinar : 45 minutos

Porciones: 6

Nivel de dificultad: promedio

Ingredientes:

- Arroz de grano largo: 2 tazas, sin cocer (remojado en agua fría durante 20 minutos, luego escurrido)
- Aceite de oliva virgen extra - 3 cucharadas.
- Cebolla amarilla - 1 mediana, picada
- Ajo - 1 diente, picado
- Pasta orzo - ½ taza
- Jugo de 2 limones, más ralladura de 1 limón
- Caldo bajo en sodio - 2 tazas
- Pizca de sal
- Perejil picado - 1 puñado grande
- Eneldo - 1 cucharadita.

Direcciones:

En una cacerola, caliente 3 cucharadas. aceite de oliva virgen extra. Agrega las cebollas y sofríe de 3 a 4 minutos. Agregue la pasta orzo y el ajo y revuelva para mezclar.

Luego agregue el arroz para cubrir. Agrega el caldo y el jugo de limón. Llevar a ebullición y bajar el fuego. Tape y cocine por unos 20 minutos.

Retirar del fuego. Cubra y deje reposar por 10 minutos. Destape y agregue la ralladura de limón, el eneldo y el perejil. Atender.

Nutrición (por 100 g): 145 Calorías 6,9 g Grasas 18,3 g Carbohidratos 3,3 g Proteínas 893 mg Sodio

Arroz con ajo y hierbas

Tiempo de preparación: 10 minutos.

Hora de cocinar : 30 minutos

Porciones: 4

Nivel de dificultad: Fácil

Ingredientes:

- Aceite de oliva extra virgen - ½ taza, cantidad dividida
- Dientes de ajo grandes - 5, picados
- Arroz jazmín integral - 2 tazas
- Agua - 4 tazas
- Sal marina - 1 cucharadita.
- Pimienta negra - 1 cucharadita.
- Cebollino fresco picado - 3 cucharadas.
- Perejil fresco picado - 2 cucharadas.
- Albahaca fresca picada - 1 cucharada.

Direcciones:

En una cacerola, agregue ¼ de taza de aceite de oliva, ajo y arroz. Revuelva y caliente a fuego medio. Agregue el agua, la sal marina y la pimienta negra. A continuación, vuelva a mezclar.

Llevar a ebullición y bajar el fuego. Cocine a fuego lento, sin tapar, revolviendo ocasionalmente.

Cuando el agua esté casi absorbida, mezcle el ¼ de taza de aceite de oliva restante, junto con la albahaca, el perejil y las cebolletas.

Remueve hasta que se incorporen las hierbas y se absorba toda el agua.

Nutrición (por 100 g): 304 Calorías 25,8 g Grasas 19,3 g Carbohidratos 2 g Proteína 874 mg Sodio

Ensalada Mediterránea De Arroz

Tiempo de preparación: 10 minutos.

Hora de cocinar : 25 minutos

Porciones: 4

Nivel de dificultad: promedio

Ingredientes:

- Aceite de oliva virgen extra - ½ taza, cantidad dividida
- Arroz integral de grano largo - 1 taza
- Agua - 2 tazas
- Jugo de limón fresco - ¼ de taza
- Diente de ajo - 1, picado
- Romero fresco picado - 1 cucharadita.
- Menta fresca picada - 1 cucharadita.
- Endivias belgas - 3, picadas
- Pimiento rojo - 1 mediano, picado
- Pepino de invernadero - 1, picado
- Cebolla verde entera picada - ½ taza
- Aceitunas Kalamata picadas - ½ taza
- Hojuelas de pimiento rojo - ¼ de cucharadita.
- Queso feta desmenuzado - ¾ taza
- Sal marina y pimienta negra

Direcciones:

Caliente ¼ de taza de aceite de oliva, arroz y una pizca de sal en una cacerola a fuego lento. Revuelva para cubrir el arroz. Agrega el agua y deja hervir a fuego lento hasta que se absorba el agua. Revolviendo ocasionalmente. Vierta el arroz en un tazón grande y deje enfriar.

En otro tazón, mezcle el ¼ de taza restante de aceite de oliva, hojuelas de pimiento rojo, aceitunas, cebolla verde, pepino, pimiento morrón, endivias, menta, romero, ajo y jugo de limón.

Coloque el arroz en la mezcla y revuelva para combinar. Mezcle suavemente el queso feta.

Prueba y ajusta el sazón. Atender.

Nutrición (por 100 g): 415 Calorías 34 g Grasas 28,3 g Carbohidratos 7 g Proteínas 4755 mg Sodio

Ensalada De Frijoles Frescos Y Atún

Tiempo de preparación: 5 minutos.

Hora de cocinar : 20 minutos

Porciones: 6

Nivel de dificultad: Fácil

Ingredientes:

- Frijoles frescos sin cáscara (sin cáscara) - 2 tazas
- Hojas de laurel - 2
- Aceite de oliva extra virgen - 3 cucharadas.
- Vinagre de vino tinto - 1 cucharada.
- Sal y pimienta negra
- Atún de la mejor calidad: 1 lata (6 onzas) envasada en aceite de oliva
- Alcaparras saladas - 1 cucharada. empapado y seco
- Perejil de hoja plana finamente picado - 2 cucharadas.
- Cebolla roja - 1, en rodajas

Direcciones:

Hervir agua ligeramente salada en una olla. Agrega los frijoles y las hojas de laurel; a continuación, cocine de 15 a 20 minutos, o hasta que los frijoles estén tiernos pero aún firmes. Escurre, desecha los aromáticos y transfiere a un tazón.

Inmediatamente aliñe los frijoles con vinagre y aceite. Agrega la sal y la pimienta negra. Mezclar bien y ajustar el condimento. Escurrir el atún y desmenuzar la pulpa del atún en la ensalada de frijoles. Agrega el perejil y las alcaparras. Mezcle para mezclar y esparcir las rodajas de cebolla roja por encima. Atender.

Nutrición (por 100 g): 85 Calorías 7,1 g Grasas 4,7 g Carbohidratos 1,8 g Proteínas 863 mg Sodio

Pasta De Pollo Deliciosa

Tiempo de preparación: 10 minutos.

Hora de cocinar : 17 minutos

Porciones: 4

Nivel de dificultad: Fácil

Ingredientes:

- 3 pechugas de pollo, sin piel, deshuesadas, cortadas en trozos
- 9 oz de pasta integral
- 1/2 taza de aceitunas en rodajas
- 1/2 taza de tomates secos
- 1 cucharada de pimientos rojos asados, picados
- 14 oz lata de tomate, cortado en cubitos
- 2 tazas de salsa marinara
- 1 taza de caldo de pollo
- Pimienta
- Sal

Direcciones:

Agregue todos los ingredientes, excepto la pasta integral, en la olla instantánea.

Selle la tapa y cocine a fuego alto durante 12 minutos.

Una vez hecho esto, deje que se libere la presión de forma natural. Quite la tapa.

Agregue la pasta y revuelva bien. Vuelva a sellar la olla, seleccione manual y configure el temporizador durante 5 minutos.

Cuando termine, libere la presión durante 5 minutos y luego libere el resto con una liberación rápida. Quite la tapa. Revuelva bien y sirva.

Nutrición (por 100 g): 615 Calorías 15,4 g Grasas 71 g Carbohidratos 48 g Proteínas 631 mg Sodio

Tazón de arroz Flavors Taco

Tiempo de preparación: 10 minutos.

Hora de cocinar : 14 minutos

Porciones: 8

Nivel de dificultad: promedio

Ingredientes:

- 1 libra de carne molida
- 8 oz de queso cheddar, rallado
- Lata de 14 oz de frijoles rojos
- 2 oz de condimento para tacos
- 16 oz de salsa
- 2 tazas de agua
- 2 tazas de arroz integral
- Pimienta
- Sal

Direcciones:

Pon la olla instantánea en modo saltear.

Agregue la carne a la olla y saltee hasta que se dore.

Agregue agua, frijoles, arroz, condimento para tacos, pimienta y sal y revuelva bien.

Cubra con salsa. Cierre la tapa y cocine a fuego alto durante 14 minutos.

Una vez hecho esto, libere la presión usando la liberación rápida. Quite la tapa.

Mezcle el queso cheddar y revuelva hasta que el queso se derrita.

Servir y disfrutar.

Nutrición (por 100 g): 464 Calorías 15,3 g Grasas 48,9 g Carbohidratos 32,2 g Proteínas 612 mg Sodio

Sabrosos macarrones con queso

Tiempo de preparación: 10 minutos.

Hora de cocinar : 10 minutos

Porciones: 6

Nivel de dificultad: Fácil

Ingredientes:

- 16 oz de pasta de codo integral
- 4 tazas de agua
- 1 taza de tomate, cortado en cubitos
- 1 cucharadita de ajo picado
- 2 cucharadas de aceite de oliva
- 1/4 taza de cebollas verdes picadas
- 1/2 taza de queso parmesano rallado
- 1/2 taza de queso mozzarella rallado
- 1 taza de queso cheddar rallado
- 1/4 taza de passata
- 1 taza de leche de almendras sin azúcar
- 1 taza de alcachofa marinada, cortada en cubitos
- 1/2 taza de tomates secados al sol, en rodajas
- 1/2 taza de aceitunas en rodajas
- 1 cucharadita de sal

Direcciones:

Agregue la pasta, el agua, los tomates, el ajo, el aceite y la sal en la olla instantánea y revuelva bien. Tape la tapa y cocine a fuego alto.

Una vez hecho esto, libere la presión durante unos minutos y luego libere el resto con una descarga rápida. Quite la tapa.

Pon la olla en modo saltear. Agregue la cebolla verde, el queso parmesano, el queso mozzarella, el queso cheddar, la pasta, la leche de almendras, la alcachofa, los tomates secados al sol y la aceituna. Mezclar bien.

Revuelva bien y cocine hasta que el queso se derrita.

Servir y disfrutar.

Nutrición (por 100 g): 519 Calorías 17,1 g Grasas 66,5 g Carbohidratos 25 g Proteínas 588 mg Sodio

Arroz con pepino y oliva

Tiempo de preparación: 10 minutos.

Hora de cocinar : 10 minutos

Porciones: 8

Nivel de dificultad: promedio

Ingredientes:

- 2 tazas de arroz enjuagado
- 1/2 taza de aceitunas, sin hueso
- 1 taza de pepino picado
- 1 cucharada de vinagre de vino tinto
- 1 cucharadita de ralladura de limón rallada
- 1 cucharada de jugo de limón fresco
- 2 cucharadas de aceite de oliva
- 2 tazas de caldo de verduras
- 1/2 cucharadita de orégano seco
- 1 pimiento rojo picado
- 1/2 taza de cebolla picada
- 1 cucharada de aceite de oliva
- Pimienta
- Sal

Direcciones:

Agregue aceite en la olla interior de la olla instantánea y seleccione la olla en modo saltear. Agrega la cebolla y sofríe por 3 minutos.

Agregue el pimiento morrón y el orégano y saltee durante 1 minuto.

Agregue el arroz y el caldo y revuelva bien. Selle la tapa y cocine a fuego alto durante 6 minutos. Una vez hecho esto, deje que la presión se libere durante 10 minutos y luego suelte el resto con una liberación rápida. Quite la tapa.

Agregue los ingredientes restantes y revuelva todo bien para mezclar. Sirve inmediatamente y disfrútalo.

Nutrición (por 100 g): 229 Calorías 5.1g Grasas 40.2g Carbohidratos 4.9g Proteínas 210mg Sodio

Sabores Risotto de Hierbas

Tiempo de preparación: 10 minutos.

Hora de cocinar : 15 minutos

Porciones: 4

Nivel de dificultad: promedio

Ingredientes:

- 2 tazas de arroz
- 2 cucharadas de queso parmesano rallado
- 3.5 oz de crema espesa
- 1 cucharada de orégano fresco picado
- 1 cucharada de albahaca fresca picada
- 1/2 cucharada de salvia picada
- 1 cebolla picada
- 2 cucharadas de aceite de oliva
- 1 cucharadita de ajo picado
- 4 tazas de caldo de verduras
- Pimienta
- Sal

Direcciones:

Agregue aceite en el recipiente interior de la olla instantánea y haga clic en la olla en modo saltear. Agregue el ajo y la cebolla a la olla interior de la olla instantánea y presione la olla en modo saltear. Agregue el ajo y la cebolla y saltee durante 2-3 minutos.

Agregue los ingredientes restantes, excepto el queso parmesano y la crema espesa, y revuelva bien. Selle la tapa y cocine a fuego alto durante 12 minutos.

Una vez hecho esto, descargue la presión durante 10 minutos y luego suelte el resto con una liberación rápida. Quite la tapa. Agregue la crema y el queso y sirva.

Nutrición (por 100 g): 514 Calorías 17,6 g Grasas 79,4 g Carbohidratos 8,8 g Proteínas 488 mg Sodio

Deliciosa Pasta Primavera

Tiempo de preparación: 10 minutos.

Hora de cocinar : 4 minutos

Porciones: 4

Nivel de dificultad: Fácil

Ingredientes:

- 8 oz de pasta penne de trigo integral
- 1 cucharada de jugo de limón fresco
- 2 cucharadas de perejil fresco picado
- 1/4 taza de almendras en rodajas
- 1/4 taza de queso parmesano rallado
- 14 oz lata de tomate, cortado en cubitos
- 1/2 taza de ciruelas pasas
- 1/2 taza de calabacín picado
- 1/2 taza de espárragos
- 1/2 taza de zanahorias picadas
- 1/2 taza de brócoli picado
- 1 3/4 tazas de caldo de verduras
- Pimienta
- Sal

Direcciones:

Agregue caldo, pars, tomates, ciruelas pasas, calabacín, espárragos, zanahorias y brócoli en la olla instantánea y revuelva bien. Cierre y cocine a fuego alto durante 4 minutos. Una vez hecho esto, libere la presión usando la liberación rápida. Saque la tapa. Revuelva bien los ingredientes restantes y sirva.

Nutrición (por 100 g): 303 Calorías 2,6 g Grasas 63,5 g Carbohidratos 12,8 g Proteínas 918 mg Sodio

Pasta de pimiento asado

Tiempo de preparación: 10 minutos.

Hora de cocinar : 13 minutos

Porciones: 6

Nivel de dificultad: promedio

Ingredientes:

- 1 libra de pasta penne de trigo integral
- 1 cucharada de condimento italiano
- 4 tazas de caldo de verduras
- 1 cucharada de ajo picado
- 1/2 cebolla picada
- Tarro de 14 oz de pimientos rojos asados
- 1 taza de queso feta, desmenuzado
- 1 cucharada de aceite de oliva
- Pimienta
- Sal

Direcciones:

Agregue el pimiento asado en la licuadora y mezcle hasta que quede suave. Agregue aceite en la olla interior de la olla instantánea y ponga la jarra en modo saltear. Agregue el ajo y la cebolla en la taza interior de la olla instantánea y coloque la olla en saltear. Agregue el ajo y la cebolla y saltee durante 2-3 minutos.

Agregue el pimiento asado licuado y saltee durante 2 minutos.

Agregue los ingredientes restantes, excepto el queso feta, y revuelva bien. Selle bien y cocine a fuego alto durante 8 minutos. Cuando termine, libere la presión de forma natural durante 5 minutos y luego libere el resto con una liberación rápida. Quite la tapa. Cubra con queso feta y sirva.

Nutrición (por 100 g): 459 Calorías 10,6 g Grasas 68,1 g Carbohidratos 21,3 g Proteínas 724 mg Sodio

Arroz con tomate, albahaca y queso

Tiempo de preparación: 10 minutos.

Hora de cocinar : 26 minutos

Porciones: 8

Nivel de dificultad: promedio

Ingredientes:

- 1 1/2 tazas de arroz integral
- 1 taza de queso parmesano rallado
- 1/4 taza de albahaca fresca picada
- 2 tazas de tomates uva, cortados por la mitad
- 8 oz lata de salsa de tomate
- 1 3/4 taza de caldo de verduras
- 1 cucharada de ajo picado
- 1/2 taza de cebolla picada
- 1 cucharada de aceite de oliva
- Pimienta
- Sal

Direcciones:

Agregue aceite en el recipiente interior de la olla instantánea y seleccione la olla para saltear. Ponga el ajo y la cebolla en el recipiente interior de la olla instantánea y póngalo a saltear. Mezcle el ajo y la cebolla y saltee durante 4 minutos. Agregue el arroz, la salsa de tomate, el caldo, la pimienta y la sal y revuelva bien.

Selle y cocine a fuego alto durante 22 minutos.

Una vez hecho esto, deje que suelte la presión durante 10 minutos y luego suelte el resto con una liberación rápida. Quite la tapa. Agregue los ingredientes restantes y mezcle. Servir y disfrutar.

Nutrición (por 100 g): 208 Calorías 5.6g Grasas 32.1g Carbohidratos 8.3g Proteínas 863mg Sodio

Macarrones con queso

Tiempo de preparación: 10 minutos.

Hora de cocinar : 4 minutos

Porciones: 8

Nivel de dificultad: Fácil

Ingredientes:

- 1 libra de pasta integral
- 1/2 taza de queso parmesano rallado
- 4 tazas de queso cheddar, rallado
- 1 taza de leche
- 1/4 cucharadita de ajo en polvo
- 1/2 cucharadita de mostaza molida
- 2 cucharadas de aceite de oliva
- 4 tazas de agua
- Pimienta
- Sal

Direcciones:

Agregue pasta, ajo en polvo, mostaza, aceite, agua, pimienta y sal en la olla instantánea. Selle herméticamente y cocine a fuego alto durante 4 minutos. Cuando termine, libere la presión usando la liberación rápida. Tapa abierta. Ponga los ingredientes restantes y revuelva bien y sirva.

Nutrición (por 100 g): 509 Calorías 25,7 g Grasas 43,8 g Carbohidratos 27,3 g Proteínas 766 mg Sodio

Pasta de atún

Tiempo de preparación: 10 minutos.

Hora de cocinar : 8 minutos

Porciones: 6

Nivel de dificultad: promedio

Ingredientes:

- Lata de 10 oz de atún, escurrido
- 15 oz de pasta rotini integral
- 4 oz de queso mozzarella, cortado en cubos
- 1/2 taza de queso parmesano rallado
- 1 cucharadita de albahaca seca
- 14 oz lata de tomate
- 4 tazas de caldo de verduras
- 1 cucharada de ajo picado
- 200 g de champiñones, en rodajas
- 2 calabacines en rodajas
- 1 cebolla picada
- 2 cucharadas de aceite de oliva
- Pimienta
- Sal

Direcciones:

Vierta el aceite en la olla interior de la olla instantánea y presione la olla para saltear. Agregue los champiñones, el calabacín y la cebolla y saltee hasta que la cebolla se ablande. Agrega el ajo y sofríe por un minuto.

Agregue la pasta, la albahaca, el atún, los tomates y el caldo y revuelva bien. Selle y cocine a fuego alto durante 4 minutos. Cuando termine, libere la presión durante 5 minutos y luego libere el resto con una liberación rápida. Quite la tapa. Agregue los ingredientes restantes y revuelva bien y sirva.

Nutrición (por 100 g): 346 Calorías 11,9 g Grasas 31,3 g Carbohidratos 6,3 g Proteínas 830 mg Sodio

Panini Mix de Aguacate y Pavo

Tiempo de preparación: 5 minutos.

Hora de cocinar : 8 minutos

Porciones: 2

Nivel de dificultad: Fácil

Ingredientes:

- 2 pimientos rojos asados y cortados en tiras
- ¼ de libra de pechuga de pavo ahumado de mezquite en rodajas finas
- 1 taza de hojas enteras de espinacas frescas, divididas
- 2 rebanadas de queso provolone
- 1 cucharada de aceite de oliva, dividida
- 2 panecillos ciabatta
- ¼ de taza de mayonesa
- ½ aguacate maduro

Direcciones:

En un tazón, mezcle bien la mayonesa y el aguacate. Luego precaliente la prensa Panini.

Picar los panecillos por la mitad y esparcir aceite de oliva por el interior del pan. Luego, llénelo con relleno, colocándolos en capas sobre la marcha: provolone, pechuga de pavo, pimiento rojo asado, hojas de espinaca y untar la mezcla de aguacate y cubrir con la otra rebanada de pan.

Coloque el sándwich en la prensa Panini y cocine a la parrilla durante 5 a 8 minutos hasta que el queso se derrita y el pan esté crujiente y rugoso.

Nutrición (por 100 g): 546 Calorías 34,8 g Grasas 31,9 g Carbohidratos 27,8 g Proteínas 582 mg Sodio

Wrap de Pepino, Pollo y Mango

Tiempo de preparación: 5 minutos.

Hora de cocinar : 20 minutos

Porciones: 1

Nivel de dificultad: Difícil

Ingredientes:

- ½ de pepino mediano cortado a lo largo
- ½ de mango maduro
- 1 cucharada de aderezo para ensaladas de su elección
- 1 envoltura de tortilla de trigo integral
- Rebanada de pechuga de pollo de 1 pulgada de grosor de alrededor de 6 pulgadas de largo
- 2 cucharadas de aceite para freír
- 2 cucharadas de harina integral
- 2 a 4 hojas de lechuga
- Sal y pimienta para probar

Direcciones:

Corte una pechuga de pollo en tiras de 1 pulgada y cocine un total de tiras de 6 pulgadas. Eso sería como dos tiras de pollo. Guarde el pollo restante para uso futuro.

Sazone el pollo con pimienta y sal. Dragar en harina de trigo integral.

A fuego medio, coloque una sartén pequeña y antiadherente y caliente el aceite. Una vez que el aceite esté caliente, agregue las tiras de pollo y fría hasta que estén doradas alrededor de 5 minutos por lado.

Mientras se cocina el pollo, coloque las tortillas en el horno y cocine de 3 a 5 minutos. Luego reservar y transferir a un plato.

Corte el pepino a lo largo, use solo la mitad y guarde el pepino restante. Pelar el pepino cortado en cuartos y quitarle la médula. Coloque las dos rodajas de pepino en la tortilla, a 1 pulgada del borde.

Corta el mango en rodajas y guarda la otra mitad con semillas. Pela el mango sin semilla, córtalo en tiras y colócalo encima del pepino en la tortilla.

Una vez que el pollo esté cocido, coloque el pollo al lado del pepino en una línea.

Agregue la hoja de pepino, rocíe con el aderezo para ensaladas de su elección.

Enrolla la tortilla, sirve y disfruta.

Nutrición (por 100 g): 434 Calorías 10 g Grasas 65 g Carbohidratos 21 g Proteínas 691 mg Sodio

Fattoush - Pan de Oriente Medio

Tiempo de preparación: 10 minutos.

Hora de cocinar : 15 minutos

Porciones: 6

Nivel de dificultad: Difícil

Ingredientes:

- 2 hogazas de pan de pita
- 1 cucharada de aceite de oliva virgen extra
- 1/2 cucharadita de zumaque, más para más tarde
- Sal y pimienta
- 1 corazón de lechuga romana
- 1 pepino inglés
- 5 tomates Roma
- 5 cebollas verdes
- 5 rábanos
- 2 tazas de hojas frescas de perejil picadas
- 1 taza de hojas de menta fresca picadas
- <u>Ingredientes del aderezo:</u>
- 1 1/2 lima, jugo de
- 1/3 taza de aceite de oliva virgen extra
- Sal y pimienta
- 1 cucharadita de zumaque molido
- 1/4 cucharadita de canela molida
- escasa 1/4 cucharadita de pimienta de Jamaica molida

Direcciones:

Durante 5 minutos, tueste el pan de pita en el horno tostador. Y luego parta el pan de pita en trozos.

En una sartén grande a fuego medio, caliente 3 cucharadas de aceite de oliva durante 3 minutos. Agregue el pan de pita y fríalo hasta que se dore, alrededor de 4 minutos mientras revuelve.

Agregue sal, pimienta y 1/2 cucharadita de zumaque. Aparte los chips de pita del fuego y colóquelos en toallas de papel para que escurran.

Mezcle bien la lechuga picada, el pepino, los tomates, las cebolletas, el rábano en rodajas, las hojas de menta y el perejil en una ensaladera grande.

Para hacer la vinagreta de lima, mezcle todos los ingredientes en un tazón pequeño.

Agregue el aderezo a la ensalada y mezcle bien. Incorpora el pan de pita.

Servir y disfrutar.

Nutrición (por 100 g): 192 Calorías 13,8 g Grasas 16,1 g Carbohidratos 3,9 g Proteína 655 mg Sodio

Focaccia sin gluten de ajo y tomate

Tiempo de preparación: 5 minutos.

Hora de cocinar : 20 minutos

Porciones: 8

Nivel de dificultad: Difícil

Ingredientes:

- 1 huevo
- ½ cucharadita de jugo de limón
- 1 cucharada de miel
- 4 cucharadas de aceite de oliva
- Una pizca de azucar
- 1 ¼ taza de agua tibia
- 1 cucharada de levadura seca activa
- 2 cucharaditas de romero picado
- 2 cucharaditas de tomillo picado
- 2 cucharaditas de albahaca picada
- 2 dientes de ajo picados
- 1 ¼ cucharadita de sal marina
- 2 cucharaditas de goma xantana
- ½ taza de harina de mijo
- 1 taza de fécula de papa, no harina
- 1 taza de harina de sorgo
- Harina de maíz sin gluten para espolvorear

Direcciones:

Durante 5 minutos, encienda el horno y luego apáguelo, manteniendo la puerta del horno cerrada.

Combine agua tibia y una pizca de azúcar. Agregue la levadura y revuelva suavemente. Dejar actuar durante 7 minutos.

En un tazón grande, mezcle bien las hierbas, el ajo, la sal, la goma xantana, el almidón y las harinas. Una vez que la levadura haya terminado de fermentar, vierta en un tazón de harinas. Batir el huevo, el jugo de limón, la miel y el aceite de oliva.

Mezclar bien y colocar en un molde cuadrado bien engrasado, espolvoreado con harina de maíz. Cubra con ajo fresco, más hierbas y tomates en rodajas. Colocar en el horno calentado y dejar reposar durante media hora.

Enciende el horno a 375oF y después de precalentarlo por 20 minutos. La focaccia se hace una vez que las tapas estén ligeramente doradas. Retirar del horno y moldear inmediatamente y dejar enfriar. Se sirve mejor cuando está caliente.

Nutrición (por 100 g): 251 Calorías 9 g Grasas 38,4 g Carbohidratos 5,4 g Proteína 366 mg Sodio

Hamburguesas a la Parrilla con Champiñones

Tiempo de preparación: 15 minutos.

Hora de cocinar : 10 minutos

Porciones: 4

Nivel de dificultad: promedio

Ingredientes:

- 2 lechugas Bibb, cortadas por la mitad
- 4 rodajas de cebolla morada
- 4 rodajas de tomate
- 4 bollos de trigo integral, tostados
- 2 cucharadas de aceite de oliva
- ¼ de cucharadita de pimienta de cayena, opcional
- 1 diente de ajo picado
- 1 cucharada de azúcar
- ½ taza de agua
- 1/3 taza de vinagre balsámico
- 4 tapas grandes de hongos Portobello, de alrededor de 5 pulgadas de diámetro

Direcciones:

Quite los tallos de los champiñones y límpielos con un paño húmedo. Transfiera a una fuente para hornear con las branquias hacia arriba.

En un tazón, mezcle bien el aceite de oliva, la pimienta de cayena, el ajo, el azúcar, el agua y el vinagre. Verter sobre los champiñones y marinar los champiñones a la ref durante al menos una hora.

Una vez que haya transcurrido casi una hora, precaliente la parrilla a fuego medio alto y engrase la rejilla de la parrilla.

Ase los champiñones durante cinco minutos por lado o hasta que estén tiernos. Rocíe los champiñones con la marinada para que no se seque.

Para armar, coloque ½ del panecillo en un plato, cubra con una rodaja de cebolla, champiñón, tomate y una hoja de lechuga. Cubra con la otra mitad superior del bollo. Repite el proceso con el resto de los ingredientes, sirve y disfruta.

Nutrición (por 100 g): 244 Calorías 9.3g Grasas 32g Carbohidratos 8.1g Proteínas 693mg Sodio

Mediterráneo Baba Ghanoush

Tiempo de preparación: 10 minutos.

Hora de cocinar : 25 minutos

Porciones: 4

Nivel de dificultad: promedio

Ingredientes:

- 1 bulbo de ajo
- 1 pimiento rojo, cortado por la mitad y sin semillas
- 1 cucharada de albahaca fresca picada
- 1 cucharada de aceite de oliva
- 1 cucharadita de pimienta negra
- 2 berenjenas, cortadas a lo largo
- 2 rondas de pan plano o pita
- Jugo de 1 limón

Direcciones:

Cepille la rejilla de la parrilla con aceite en aerosol y precaliente la parrilla a fuego medio alto.

Corte la parte superior del bulbo de ajo y envuélvalo en papel de aluminio. Coloque en la parte más fría de la parrilla y ase durante al menos 20 minutos. Coloque las rodajas de pimiento morrón y berenjena en la parte más caliente de la parrilla. Ase a la parrilla por ambos lados.

Una vez que los bulbos estén listos, retire la piel del ajo asado y coloque el ajo pelado en el procesador de alimentos. Agregue aceite de oliva, pimiento, albahaca, jugo de limón, pimiento rojo a la parrilla y berenjena a la parrilla. Triturar y verter en un bol.

Ase el pan al menos 30 segundos por lado para que se caliente. Sirve el pan con la salsa de puré y disfruta.

Nutrición (por 100 g): 231,6 Calorías 4,8 g Grasas 36,3 g Carbohidratos 6,3 g Proteínas 593 mg Sodio

CPSIA information can be obtained
at www.ICGtesting.com
Printed in the USA
LVHW080752060422
715401LV00016B/649

9 781804 504642